品牌培育之道

工业企业品牌培育经验精选·第一辑

《品牌培育之道》编委会 编

中国质检出版社
中国标准出版社
北京

图书在版编目（CIP）数据

品牌培育之道工业企业品牌培育经验精选·第一辑/《品牌培育之道》编委会编.—北京：中国标准出版社，2018.4（2018.12 重印）

ISBN 978-7-5066-8858-1

Ⅰ.①品… Ⅱ.①品… Ⅲ.①工业产品—品牌—中国 Ⅳ.①F425.3

中国版本图书馆 CIP 数据核字（2018）第 303907 号

中国质检出版社
中国标准出版社 出版发行

北京市朝阳区和平里西街甲 2 号（100029）

北京市西城区三里河北街 16 号（100045）

网址：www.spc.net.cn

总编室：（010）68533533 发行中心：（010）51780238

读者服务部：（010）68523946

中国标准出版社秦皇岛印刷厂印刷

各地新华书店经销

*

开本 710×1000 1/16 印张 11.5 字数 175 千字

2018 年 4 月第一版 2018 年 12 月第二次印刷

*

定价 48.00 元

编 委 会

主 编 周宏宁 肖 阳

编 委 （按照姓氏笔画排序）

王贵宝 田保国 刘彧彧 刘盎然

刘琦明 张辛欣 李 洋 孟 鹏

徐冉然 唐中君 商广娟

前言

品牌战略如何制定？品牌培育目标如何设定？品牌培育需要关注哪些资源和活动？品牌管理体系怎样组织与运行？你面临这些问题的时候，正是在思考品牌培育之道。

“道”重在探究规律，“术”重于技艺方法。品牌培育之道旨在研究和呈现品牌成长成功的内在规律。无论是企业品牌、产品品牌或是区域品牌，培育之术千差万别，但培育之道相通。

企业品牌培育之道的核心是“价值”。系统策划和管理好企业面向顾客的价值创造、传递与交换过程，实现资源更大程度、更高效率地转化为价值，是企业品牌培育的基本规律。

工业和信息化部指导推广的品牌培育管理体系方法就是对企业品牌培育之道的探索和应用。一批工业企业通过开展品牌培育试点活动，实践品牌培育管理体系方法，形成了具有示范效应的典型经验。这样的经验案例对于更多的企业探寻品牌成功之路具有启发和借鉴意义。

《品牌培育之道》第一辑精选收录了20个企业品牌培育示范经验案例，按照企业品牌培育的工作架构，分为战略、体系和行动三篇集结成册。这些经验案例蕴含了科学的品牌培育思路，各有特点又殊途同归，在实践中取得了显著成效。

每个案例都由编委会组织专家做了研究和完善，进一步彰显了经验案例的示范作用。

结合《品牌培育管理体系实施指南》系列行业标准一并研读，将有助于读者从经验案例中汲取更大借鉴价值。

《品牌培育之道》编委会

2018年3月

目录

战略篇

体系篇

行动篇

战略篇

品牌培育是企业的战略行动。品牌战略遵循企业总战略，明确品牌培育宗旨和方向，确定品牌培育目标，决定企业品牌定位、品牌核心价值、品牌架构等要点，指导企业策划和实施品牌培育活动。

品牌战略包括战略制定、部署和实施、评估和更新等环节。制定战略需要充分考虑需求、竞争、环境、资源等状况，构建差异化的定位和价值。实施战略需要以实现品牌培育战略目标为脉络，策划部署品牌培育职能和活动。

本篇的五个经验案例围绕企业营造差异化竞争优势、塑造品牌核心价值等视角，展现企业推进品牌培育战略的做法和成效。

用人单合一模式创物联网时代的生态品牌

——海尔集团有限公司

“自以为非”，这是海尔集团董事局主席、首席执行官张瑞敏最常说的一句话。创品牌不易，守品牌更难。在经济下行压力和竞争愈发激烈的现在，企业家尤需时刻保有危机感，不断颠覆与革新。

迄今为止，海尔经历五次战略转型，每次转型都以创品牌为战略目标，而非单纯地以卖产品为目标。物联网时代，海尔认为传统时代的品牌是产品之间的竞争，物联网时代的品牌是人的关系的竞争，而人的关系的竞争就是与用户融合的强度，建立生态品牌要以用户最佳体验为标准，生态圈内攸关各方共创共赢。要实现从传统品牌向物联网生态品牌的转变就要对企业进行彻底颠覆，海尔通过人单合一模式创新，探索建设物联网时代生态品牌。

在物联网进一步把地球变成“地球村”的今天，海尔率先探索打造生态品牌对企业参与全球竞争乃至国家经济发展具有重要意义。

一、企业概况

海尔集团有限公司（以下简称“海尔”）创业于1984年，从一家资不抵债、濒临倒闭的小企业发展成为物联网时代引领的生态型企业，旗下白色家电业务连续九年蝉联全球白色家电第一品牌。目前，海尔已在全球建立十大研发中心，24个工业园，108个制造工厂，66个营销中心。在30余年的发展中，海尔始终坚持人的价值第一，始终在企业最好的时候改变自己，以创业创新的精神不断开辟企业的“第二曲线”，先后经历名牌战略、多元化战略、国际化战略、全球化品牌战略发展阶段。从2012年开始，海尔集团进入第五个发展阶段——网络化战略发展阶段。

在物联网时代，海尔致力于转型为真正的物联网企业，打造以社群经济为中心，以用户价值交互为基础、以诚信生态、共享平台为核心竞争力的后电商时代共创共赢生态圈，成为物联网时代的引领者。通过对物联网时代商业模式的探索，海尔集团实现了稳步增长。2017 年海尔集团全球营业额实现 2419 亿元，同比增长 20%。全球利税总额首次突破 300 亿，其中全球经营利润增幅达 41%。

海尔的转型是基于对“人单合一”模式的探索而展开的，该模式得到了国际管理学界的高度关注和认可，并在日本、新西兰、美国、俄罗斯等全球多个国家和地区得到推广和验证。每年有几千家国内外企业来海尔学习交流人单合一模式，目前人单合一模式已在传媒、农业、医疗界进行了试水和改造。随着人单合一在诸多跨界领域得到了实践和改造，其时代性、普适性、社会性的引领优势正在显现。

海尔创业 30 多年来，品牌创新贯穿海尔发展的始终，从一个冰箱名牌到整个家电名牌到物联网生态品牌，从中国名牌到世界名牌。海尔连续九年被欧睿国际评为全球大型家电零售量第一品牌，在全球布局海尔、卡萨帝、GEA、日日顺、AQUA、斐雪派克、统帅等品牌，从不同领域持续满足用户的最佳体验。

二、案例背景

（一）物联网给企业的品牌建设带来了根本性颠覆

物联网“零距离、分布式、去中心化”的特征颠覆了企业与用户之间的信息不对称形势，也给企业的品牌建设带来了根本性改变。传统时代的名牌是在单边市场下形成的，因为信息不对称，品牌比拼的是广告和质量，谁的广告响、声量大、质量好，谁的品牌认可度就高。但在物联网时代，一定是双边或多边市场，无数厂家与无数用户在平台上产生持续交互，用户选择名牌的依据是谁的体验好就选择谁，品牌不能再依靠广告声量，也不只是质量的无懈可击，而是用户个性化需求的快速满足，品牌必须创造用户全流程的最佳体验。海尔认为品牌的定义应该由用户说了算，因此，物联网时代，就需要颠覆传统以企业为中心的品牌发展模式，通过人单合一模式创新，建设生态品牌，创造各方得利的社群生态，实现与用户共创品牌。

（二）海尔始终致力于“时代的品牌”

自1984年创业以来，海尔始终把品牌建设摆在企业发展的突出位置，并不断根据时代变化调整品牌策略，致力于成为“时代的品牌”。创业伊始，海尔提出“真诚到永远”的理念，以高质量、高品质实现企业对用户的诚信承诺。1985年，海尔通过“砸冰箱”砸出了质量意识，1988年，海尔冰箱斩获中国电冰箱史上的第一枚金牌。产品的高质量，成为海尔创业的基石。20世纪90年代，在看到一位用户丢失空调的报道后，海尔推出了“送装一体”的星级服务，更好地满足用户需求。在海外，依托对本土用户需求的精准把握，海尔以差异化的产品和服务，树立起中国家电的国际化名牌。进入物联网时代，海尔以“人单合一”模式探索从传统的科层制企业转型成为共创共赢的创业平台，其目的是通过组织变革让每个人直面用户，通过用户付薪机制，让每个创客能够与“用户零距离”，打造出物联网时代的生态品牌。

三、具体做法

海尔集团早在2005年就前瞻性地预感到物联网带来的颠覆性变化，提出人单合一双赢模式，开始摸索大企业转型的路径。在战略、组织、员工、用户、薪酬和管理六个方面进行了颠覆性探索，打造出一个动态循环体系。在海尔30多年的创业创新发展中，海尔始终把品牌战略融入发展战略中，在海尔物联网转型过程中，海尔以人单合一模式探索物联网时代品牌社群，建设物联网时代的生态品牌，具体做法可总结如下：

（一）从企业、用户、品牌三个层面进行彻底的转型

企业转型。传统企业是以企业为中心的自成体系的封闭系统，企业以制造产品为中心，为了规模，产品做得越多、做得越快、做得越有竞争力越好。但在物联网时代，企业必须转型为开放的物联网节点，能够互联互通各方资源，这就要求企业从制造产品转型孵化创客，只有孵化出无数零距离对接用户的创客，才能最大限度满足用户的个性化需求。目前，海尔已从传统家电产品制造企业转型为开放的创业平台，将传统的自我封闭变为开放的物联网节点，颠覆科层制为网状组织，建立以用户为中心的共创

共赢生态圈。

用户转型。在传统时代，CRM就是“客户关系管理”，这属于产品之间的竞争；但在物联网时代要转变成VRM，就是“供应商关系管理”，这是人的关系的竞争。传统时代是企业管理用户，因为信息不对称，企业发布广告，用户看了广告，就买了你的产品，所以是企业管理用户。现在是VRM，供应商关系管理，简单说就是用户管理企业，因为用户点击谁就是谁，购买决定于他的鼠标。因此，企业肯定要建成一个平台，在社群中与用户持续的交互，满足用户终身价值，把潜在顾客变为用户再变为终身用户。

品牌转型。传统企业是个封闭的体系，品牌就封闭在企业内部，所谓品牌只是企业生产的产品的品牌。但物联网时代创牌的过程不再是封闭在企业内部，而是变成了用户从研发、生产、销售、迭代全流程参与，是与用户共治共赢共享的，因此品牌就转型为真正体现用户终身价值的生态品牌和品牌社群。在企业搭建的生态圈中，所有用户和利益攸关方都在企业的生态圈和社群中共创品牌。

（二）从管理模式、制造模式、消费模式进行彻底颠覆

传统时代的名牌是在单边市场下形成的，因为信息不对称，所以谁的广告声量大消费者就认为谁是名牌，厂家与顾客之间只是一次性的交易关系。物联网时代，用户关注的不再是“广告”而是“口碑”，用户选择品牌的依据是谁的体验好就选择谁，因此，企业不能局限在以产品为中心创名牌，而应该以用户体验为中心打造品牌社群，满足用户全流程最佳体验。从一次性交易的顾客到全流程最佳体验的用户关系转变，倒逼企业要从管理模式、制造模式、消费模式三个方面进行彻底的颠覆。

1. 管理模式颠覆：从科层制组织颠覆为物联网中的节点组织，推进创业平台转型

物联网时代的品牌必须满足用户的个性化需求，这需要对企业进行全系统的改变，它要求企业整个商业模式进行全系统、全流程颠覆，以此快速满足物联网时代用户的个性化需求。为此，需要把传统企业封闭的科层制体系转型为开放的生态圈，让员工直面用户，让生态圈里的攸关各方共同创造用户的全流程最佳体验，通过与用户共创品牌来实现生态圈的共创共赢。

海尔现在把组织彻底打散了，变传统封闭的科层制企业为开放的创业平台，整个组织只有三类人：平台主、小微主和创客，这三类人没有职位高低，所有的人都围绕用户需求进行创新，目的就是创造用户的全流程最佳体验。三类人共同创业，就实现了“三自”：自创业、自组织、自驱动。“自创业”就是自己发现市场机会；自组织，就是自己根据自己发现的市场机会组织自己需要的资源；“自驱动”，资本和人力市场化，市场不断驱动自己创新，实现用户付薪。

以小帅影院为例，在与用户交互过程中，海尔的创客发现怀孕的年轻妈妈们提出希望躺着看电视的需求，于是他们根据用户的需求在网络上开放地寻求解决方案，来自美国硅谷的创业者有这方面的解决方案，他们被吸引进来，还有来自国内外的分供方资源也被吸引进来，很快，能够满足孕妇躺着看电视的 Iseemini 就开发出来。在一代产品研发出来后，他们又根据与用户交互的结果不断对产品进行迭代。在做好硬件的同时，海尔小帅影院调整产业结构，从单一的硬件提供商转向硬件和内容提供商，开拓“第二院线”。目前，小帅影院逐渐搭建起融合影视、动漫、游戏、教育产业的共赢生态圈。从某种程度上说，小帅就是海尔大品牌孵化出的小品牌，他们通过开放的生态圈满足用户需求，实现了品牌的从 0 到 1。

海尔把企业变成互联网的一个节点，组织中的所有人和小微组织都变成节点，从而快速链接用户需求和全球一流资源。海尔自身也从一个制造产品的企业转型为孵化创客的平台。现在，海尔创业平台上已成功推出“雷神”游戏笔记本、馨厨冰箱、免清洗洗衣机等创新产品及近 2500 项创业项目。在海尔平台上，有些小微并不是用海尔的品牌，每个创业者都可以建立属于自己的品牌，海尔希望通过打造开放的创业平台，通过共享自身积累 30 多年的优质资源，孵化出更多做大做强、走出去、走进去、走上去的“中国品牌”，打造引领物联网时代的生态品牌。

2. 制造模式颠覆：从大规模制造到大规模定制，以 COSMOPlat 并联用户

传统时代的品牌采用大规模制造的模式，由于无法有效链接用户需求，常常导致很多无效供给，走上价格战的恶性循环。为此海尔探索互联工厂，互联工厂本质体现的是一个生态系统，用户能够参与设计，用户的

个性化需求直达工厂直接满足，每个用户都是“产消者”——既是生产者，又是消费者，海尔把各种不同的需求进行有效的整合，实现了从大规模制造到大规模定制的转型。

例如，一位网名DK先生的用户提出一个创意，想把空调外形设计成首都鸟巢体育馆的外形，就把这个创意发布在海尔交互平台上，结果吸引了大量用户点赞。通过虚拟设计把创意做成样机后，吸引了更多的用户交互，同时也吸引了中科院、中标院等多家机构共同设计方案，形成了“天铂一代”空调。在网上预售后很多用户下达定单，定单信息直达模块商、制造、物流等各环节，全过程实现透明可视，而且不会形成一台库存。

在产品端进行供给侧改革，海尔还要把传统的家电变成网器，再变成一个真正的和用户连接的连接件，让产品通过和用户交互不断迭代倒逼产品升级，也为用户提供除产品之外的全流程最佳体验。例如：海尔馨厨冰箱首创了全球第一代物联网冰箱，除了具备一台传统冰箱的功能之外，更是互联网的入口，连接电商、娱乐、菜谱等功能，成为厨房场景下的生态系统。

此外，为更好地承接“中国制造2025”，为中国乃至世界工业转型升级带来整体解决方案，海尔向全球发布了COSMOPlat大规模定制解决方案，COSMOPlat是具有中国自主知识产权、全球首家引入用户全流程参与体验的工业互联网平台。2017年12月6日，国际四大标准组织之一的电气与电子工程师协会（IEEE）通过一项建议书，由海尔COSMOPlat牵头制定大规模定制模式的国际标准，这是首个中国企业主导制定的制造模式类国际标准。物联网时代要的不是简单的以机器换人的高效率，而是“高精度指引下的高效率”，COSMOPlat可以将用户的需求连接起来，让用户全流程参与产品设计研发、生产制造、物流配送、迭代升级等环节，为企业提供大规模定制整体解决方案，构建成企业，用户、资源共创共赢的新型生态体系。

3. 消费模式颠覆：从传统电商交易平台颠覆为以诚信为本、以社群体验为基本单元的共创共赢物联网平台

品牌的服务对象和价值落脚点是用户，用户对品牌的要求随时代变化在不断变化，用户消费模式从单纯的产品消费到服务消费再到体验式消

费。过去，企业为了品牌效应拼命打广告，用户只是一次性交易的顾客。但是物联网时代，用户关注的不是“广告”而是“口碑”，企业要打造诚信品牌，就需要与用户融合成生态圈，这就要从产品经济过渡到社群经济、体验经济。海尔的愿景是在后电商时代颠覆传统电商的交易平台，首创基于诚信的共创共赢模式，以诚信为基础，以社群为基本单元的共创共赢的物联网平台。

在社群经济探索方面，海尔是三店合一：一是线上店，即电商；二是线下店，海尔有超过三万家专卖店，还有很多其他的实体店，海尔将这些店都变成体验店；三是海尔有 122 万个微店，将线上店、线下店、微店同时作为购物入口的电商新生态，并且与海尔互联工厂连接，实现了“销售前置”，即先有需求，并通过系统对接工厂，并根据与用户的不断交互，实现产品迭代，从而达到“用户乘数”的效果，让用户成为终身用户，这就是三店合一触点网络的全生态供需闭环。

例如，大顺逛平台是海尔集团旗下的物联网社群经济生态平台，形成以用户体验为导向、聚焦社群交互、基于线上店、线下店、微店和营销网、物流网、服务网、信息网建立起来的触点网络，全过程用户交互围绕着名为“顺逛”的移动终端。在顺逛上架的除了海尔、卡萨帝等品牌，还吸引众多优质社会化资源进驻平台，使其直达用户终端，形成全生态供需闭环。顺逛通过社群交互获取用户个性化小数据，倒逼产品端升级迭代，精准围绕用户需求量身打造定制化解决方案。

在 2017 年的“618”活动中，顺逛以 43 万微店主连接 2590 个区县，推出首个由微店主自建的智慧家庭样板间，全线开放 VR shop 场景购物，充分发挥出社群经济的优势，通过创新智慧体验方式，为用户打造高品质、全流程的“618”购物盛宴。开场 1 分钟，顺逛订单突破 1000 单，半小时销售额突破 5000 万。从数据上看，当时成立不到两年的顺逛业绩增长速度已经让老牌的传统电商平台惊叹，而模式上的创新正是驱动“顺逛”迅速崛起的核心基因。

（三）品牌即人，人人创客成就物联网时代的生态品牌

创业 30 余年来，海尔总结的管理经验就是“企业即人，人即企业”，这句话用在品牌创建中就是“品牌即人”，充分激发人的活力，通过人人创客成就物联网时代的品牌。

1. 小微拥有三权，自主优化用户体验目标

海尔的小微都是拥有“决策权、用人权、分配权”三权的自组织，他们通过“自创业、自组织、自驱动”创造用户的最佳体验，每个小微既可以自己创业，也可以创造面向用户的新品牌。例如，雷神小微就是凭借用户和粉丝力量创造品牌的典型。2014 年之前，海尔在游戏本行业是零，现在雷神已经做成了游戏本行业第一。雷神品牌从无到有、不断壮大来源于海尔创业平台上的“三自”机制。

首先是自创业。雷神小微创业始于对用户难题的关注，3 个“80 后”小伙子发现了在互联网上有包括游戏本的散热问题、屏幕亮点问题等在内的 30000 多条游戏玩家的抱怨。通过对这些痛点的交互，他们捕捉到了新的创业机会，自主注册公司开始创业。

其次是自组织。成立公司后，小微通过互联网，在全球范围内自组织创业资源，包括台湾蓝天公司、台湾广达公司等著名企业都参与进来，和小微、游戏玩家共同创新迭代产品。雷神颠覆了传统的销售渠道，采用网络众筹预售。第一代雷神上市后，3000 台 21 分钟全部被抢购一空，在此后的产品迭代中，雷神又创造了 3000 台 10 秒抢光，10000 台 1 天抢光的新预约预售众筹纪录。

再次是自驱动。实现硬件第一后，雷神探索“第二曲线”，驱动小微由硬件引爆→周边引爆＋软件→竞技引爆→直播电竞生态平台引爆的转变。雷神从游戏笔记本扩展到机械键盘、鼠标、电竞耳机、电竞座椅、电竞眼镜等，并在 2015 年 8 月份开始搭建游戏玩家一站式服务平台神游网。目前，雷神正通过整合资源，把硬件变成软件，从硬件收入到生态收入，把软件变成游戏运营生态圈，把各种资源都整合进来，搭建创业平台让各方共创共赢。2017 年 9 月，通过海尔平台孵化的雷神科技正式挂牌新三板。

2. 用户付薪驱动下的人单合一使组织充满活力，让品牌具有时代性、国际性、超值性

与传统的企业付薪不同，海尔人单合一模式创造了以用户为中心的用户付薪机制，用户付薪驱动员工转型为真正的创业者，让每个员工能够直面用户，通过为用户创造价值来实现自身价值。这就实现了个人目标和品牌目标的有机融合，让员工与用户共创最佳价值体验，让品牌不断适应和

满足用户的个性化需求，推动品牌的持续迭代创新。

例如，俄罗斯小微成立于2014年5月，在俄罗斯工厂建设过程中，小微就启动了对赌机制，小微根据项目交付成功度给予员工报酬，而不是传统的只看最终结果不注重进度、质量等。此举使俄罗斯工厂建设周期非常快，超出纪录。2016年4月22日，海尔在俄境内的冰箱制造基地正式开始运营。工厂投产后，跟投对赌也进行升级。从对赌建厂进度，升级为财务指标的对赌。为了赌赢，小微更加重视与用户间的交互。以前在俄罗斯市场投放的冰箱型号都是意式冰箱。现在为了发掘用户的真正需求，团队成员跑遍了莫斯科、切尔尼、罗斯托夫等地，跟当地的主妇现场交流，然后把交互回来的意见跟设计部论证讨论，最终以意式二代冰箱为基础做了近百处细节改动，设计出符合俄罗斯用户需求的冰箱。改良版冰箱上市后该款产品单品销量比去年同期提升了74%。仅仅一年时间，海尔就在俄罗斯冰箱市场书写了一个样本典范：当年投产，海尔三门以上冰箱的销售份额占到俄罗斯市场的25%以上，超越欧美日韩成为最受当地消费者信赖的冰箱品牌，稳居市场销量第一。

四、实施效果

通过实施物联网转型，建设物联网时代的品牌，海尔取得了显著的成果：

（一）成为物联网时代引领的生态型企业

通过实施物联网转型，海尔实现了平稳快速增长。2017年海尔集团全球营业额实现2419亿元，同比增长20%。全球利税总额首次突破300亿，其中全球经营利润增幅达41%。2017年社群交互产生的交易额首次突破1万亿，同比增长273%。与此同时，海尔创业小微呈现爆发式增长态势，海尔平台上有200多个创业小微、3800多个节点小微和122万微店正在努力实践着资本和人力的社会化，有超过100个小微年营收过亿元，19个小微估值过亿。

（二）企业带来的社会效益十分突出

海尔在经营发展过程中，坚持以解决百姓的“痛点”为出发点，不仅确保了产品适销对路有市场，更为关键的是给群众带来了方便，解决了不少关系国计民生的问题，补上了民生领域的短板。比如，海尔产业金融小微利用金融手段与国内优强肉牛养殖企业合作，培育优质牛种，发展养殖基地，在提高优质肉牛供给能力的同时，还实现了对湘西等贫困地区的精准扶贫。同时，由于海尔在模式转型过程中坚持去中心化、去中介化、去"隔热墙"，海尔的在册员工比最高峰时减少了45%，但海尔平台为全社会提供的就业机会超过190万。

（三）获得全球用户认可，连续蝉联品牌价值榜首

欧睿国际发布的2017年全球大型家用电器品牌零售量数据显示，海尔大型家用电器2017年品牌零售量占全球市场的10.6%，居全球第一，这是自2009年以来海尔第九次蝉联全球第一。冰箱、洗衣机、酒柜、冷柜也分别以大幅度领先第二名的品牌零售量继续蝉联全球第一。

2017年，海尔连续三年入围世界品牌百强名单，排名较2016年提升26位。在《财富》杂志发布的2017年最受赞赏中国公司榜单中，海尔集团位居电子电器类第一。根据2017（第23届）中国品牌价值100强研究报告显示，海尔以1786.76亿的品牌价值稳坐龙头，连续16年居首，较去年1516.28亿，品牌价值提升了270.48亿。

（四）企业的国际品牌效应进一步凸显

通过转型发展，海尔在海外发展渐入佳境，扩张能力进一步增强。海尔并购日本三洋白色家电并引入创客小微机制后，亏损八年的三洋八个月就止亏；并购新西兰国宝级家电品牌斐雪派克扩大了全球影响力，海尔品牌在新西兰白电市场占比15.4%，与斐雪派克双品牌合计占比42%，成为新西兰白电市场冠军；2016年海尔又进一步与美国GE达成战略合作，整合美国GE家电业务，被《华尔街日报》形容为创造了"中国惊喜"。

（五）海尔模式在全球引起轰动

海尔的模式创新也引起全世界范围的关注。20年来海尔人单合一案例三次进入哈佛案例库。《海尔文化激活休克鱼》是中国企业第一个写进哈佛教材的案例；2015年，《海尔：与用户零距离》案例进入哈佛商学院，并被评为当年最受师生欢迎的案例；2018年，《海尔：一家孵化创客的巨头企

业》也进入哈佛商学院。2017 年 3 月 17 日，张瑞敏受邀为斯坦福商学院的学生讲授人单合一模式，受到师生的高度赞叹。这标志着人单合一这一物联网时代的管理模式得到了美国两所不同背景的经济商学院一致认可。

世界战略大师加里·哈默表示，海尔人单合一模式可根治欧洲企业官僚主义，并为欧洲打造“创新型社会”提供了新的组织模式。海尔人单合一模式不仅是商业模式的创新，还将创造下一个社会模式。物联网之父凯文·阿什顿在探访海尔两天后，指出他到访过很多企业，还没有见过像海尔这样做好了迎接物联网的准备。“共享经济”的提出者、《第三次工业革命》作者杰里米·里夫金则认为，海尔作为一个先锋和领导者，不仅在中国而且在全世界企业内创造了一个新模式。工业文明以来，企业有两次革命性突破，一次是福特的流水线，一次是丰田 JIT 看板管理，而海尔共创共赢模式有可能成为继福特模式和丰田模式之后的第三次工业革命性突破。

五、下一步工作思路

“没有成功的品牌，只有时代的品牌”，海尔作为中国企业“创牌”的先行者和探路者，会继续在转型创新的路上进行探索，对于海尔现在来说就是要建设物联网生态品牌。

总结起来，品牌大概经历了三个阶段：品牌 1.0 时代，以客户为中心，谁赢得客户，谁就是品牌，它非常好的解决了企业到用户需求的传递问题；品牌 2.0 时代，主要看用户流量，谁流量大，谁就是品牌，它解决了企业和用户双向的问题，也就是说信息是零距离的，品牌可以自传播；在品牌 3.0 时代，一定是企业、用户、社群通过品牌社群解决用户的价值。如果一个企业不能获取用户的价值，或者不能构建用户的价值，实现不了品牌的“用户乘数”效果，这个品牌就不能持久。海尔正在构建用户与品牌、用户和用户之间的三元关系，让品牌在社群生态基础上创立起来的，生态品牌的内涵始终由用户定义。

传统时代，海尔是产品品牌，为世界奉献品质生活的白色家电；互联网时代，海尔是平台品牌，为创业者搭建实现梦想的舞台；物联网时代，海尔是生态品牌，攸关各方共创共赢，生生不息。

专家点评

在大变革时代，我们几乎每天都在面临着产品更迭、产业的颠覆，如何看待变化，用好变化，是企业需要适应并学会的重要课题。是被激变的浪潮推着走，还是主动创造浪潮，某种程度上决定着企业转型升级的段位。

海尔的变革是主动的，也是开创性的。张瑞敏选择从体制、组织上大刀阔斧的改变，把海尔从品牌变成创业平台，这种彻底的颠覆不但孵化出更多产品，激发出更持久的活力，也创造出了全新的公司管理模式，创造了全新的生产关系。

恰恰是这种创造变革，引领变革，让海尔在面临爬坡转型压力和市场激烈竞争中，走出了更加宽广的路径。也许有人会怀疑海尔变革的持久性，但却没有人怀疑变革的勇气与定力。在新一轮工业革命契机下，中国只有变中求新，才能新中突破，只有抓住全球化、工业互联网机遇的外在因素，敢于向自身开刀，敢于打破传统，才能迎来引领全球发展的机会。从这个角度来说，海尔的探索是成功的，是有战略意义的。最后，分享张瑞敏一句话。他说，没有哪个百年企业不是自杀重生的，有的甚至自杀很多次。在这里，我们想把海尔的“自杀重生”，献给更多像海尔一样的领军企业，你们冲破焦虑与危机，中国经济方能冲破焦虑与危机。

用智造开启制造业发展新天地

——青岛酷特智能股份有限公司

2 秒钟能做什么？如果说，这上下车的工夫，就能实现服装精准量体，是否觉得天方夜谭？走进以西装生产著称的青岛酷特智能股份有限公司，你就知道，这并非幻觉。

采用世界先进水平的3D 量体仪，在酷特智能的定制体验店里，仅需一两秒钟就能获取顾客19 个部位的22 个数据，自动完成服装量体。

把慢变成快的，不仅量体一个环节。

在酷特智能的生产车间，每一件衣服都有一个专属的电子标签，各个工序刷卡识别工作指令，消费者的个性化定制要求都能得到满足。依托互联网和大数据，西服定制从最初的个性设计到最后的成衣配送压缩到七个工作日。

把慢变成快，把不可能变成可能，用互联网思维重塑工业生产流程，酷特智能的创新带来了立竿见影的效果。在服装业高库存、高成本、低周转的当下，酷特智能连续六年实现高速增长。

尝试互联网工业，起初是为了解决库存问题，做了几年后发现，这是一套方法论，颠覆了产业传统逻辑。通过对互联网工业长达 10 余年的研究与探索，在个性化定制方面，酷特智能率先走出了一条新路径。目前，酷特智能以3000 多人的工厂为“试验田”，设计探索传统企业转型升级解决方案，正在为鞋帽、机械、家具、化妆品、建材等 30 多个行业的近百家企业提供解决方案。

一、企业概况

青岛酷特智能股份有限公司（以下简称“酷特智能”）成立于2007 年，注册资本 1. 8 亿元人民币，拥有 3000 多名员工，形成了以西装厂、衬衣厂和西裤厂为主的三个制造工厂，产品品类覆盖个性化定制男装和女装。经过多年转型实践，酷特智能以工业化手段、效率及成本制造个性化产品，建立了客户需求直达工厂的 C2M 工商一体化商业生态，输出传统企业转型升级解决方案到数十个行业的近百家企业，并形成了具有普适价值的组织治理体系——酷特云蓝治理之道。

二、案例背景

企业面临供给和需求的双重压力。从需求角度看，同质化需求的高峰已过，个性化、多样化的需求正逐步成为主流，传统行业的供给方式无法有效满足个性化和多样化的需求；从供给角度看，行业内竞争激烈，基于预测的面向库存的产品批量生产，库存成本大，利润空间非常小，用户满意度低。传统的扩大规模、控制产业链、提效降成本等，对企业大发展没有实质效果，只会导致更多库存；新需求呼唤新供给，迫使企业必须颠覆传统以产定销的同质化产品批量生产模式，寻求新的以满足用户个性需求为核心的发展模式。

酷特智能自主研发的 C2M 在线定制平台，消费者在线自主选择服装的面料、款式、制作工艺等，企业实时接收订单，需求信息进入自主研发的数据库进行数据建模，自动转化为生产数据。系统自动排单、自动裁剪、自动计算、整合版型，实现了对用户需求—订单信息—产品开发—工艺规划—生产制造—使用维护过程中的人、原材料、机器的每个加工动作和行为的自动、在线、实时、全面的记录，把正确的数据在正确的时间发送给正确的人和机器，从而解决了个性化定制带来的生产不确定性、多样性和复杂性问题。

酷特智能把在服装定制领域的成功经验进行编码化、程序化，形成标准化的解决方案，即传统企业转型升级解决方案，为需求企业提供软件定制开发、系统集成、生产流程、商业模式再造等全系统解决方案服务，自 2016 年起，已经签约改造了鞋帽、机械、家具、化妆品、建材等 30 多个行业的近百家企业。

三、具体做法

（一）酷特智能创新之路

酷特智能的个性化定制之路，基于企业创始人对市场需求变化的把握和制造企业演变趋势的预先判断，对企业众多领域的自我颠覆，没有成功的经验可循，只有一步步地摸索前行，实现了一次次转型。

1. 起步推进企业的信息化

酷特智能在研发设计、生产过程、企业管理、采购营销等环节组织计算机辅助设计（CAD）、计算机辅助制造（CAM）、企业资源计划（ERP）、软件配置管理（SCM）、客户关系管理（CRM）的单项应用，围绕装备、产品、营销、管理信息化组织集成应用，实现了内部全业务流程的管控；建设数据分析系统，利用各方数据辅助企业战略决策、品牌打造等。内部、外部信息化的全面实现，助力公司由一个服装生产企业转型为一个信息化品牌服装企业。

2. 进而推进制造的个性化

酷特智能广泛渗透零距离交互、分布式共生的互联网基因，提出了构建并依托互联网平台进行集成设计、协同制造、在线营销，专注于服装个性化定制大规模生产的思路。研发了将客户服装需求变成产品数据模型的关键技术，使国内外的服装订单都变成数据进入互联网流动，为集成设计、柔性生产提供了可能；研发了服装行业数据驱动的智能工厂解决方案，对企业管理与生产控制进行全流程改造，具备了智能制造的能力；研发了全球个性化服装定制互联网平台，将 ERP、CAD、生产执行系统（MES）、产品全寿命周期管理（PLM）等打通，实现订单提交、设计打样、生产制造、物料供应、物流交付一体化。三大技术支撑酷特实现了个性化定制的大规模生产，酷特智能也由一个信息化品牌服装企业转型为一个基于互联网工业平台的个性化智能制造企业。

3. 专注推进供应链的平台化

当世界先进工业向 4.0 迈进的时候，信息物理系统（CPS）平台成为市场主体争抢的重要领域。酷特智能继续推进其互联网平台的研发创新，使酷特智能平台成为以消费品工业领域为主体，集合客户订单提交、产品设计、协同制造、采购供应、营销物流、售后服务等多项功能的开放性全球个性化定制互联网平台，具备了需求交互中心、大数据支撑中心、产品创新中心、智能制造中心、物流配送中心、流程管控中心等六大中心的功能，把客户、供应商、服务商等联接在一起，全球的客户可通过PC、手机APP、实体店等，在个性化定制平台上提出产品个性化需求。平台将零散的消费需求进行分类整合，以整体、规律、可操作的形式，将各式需求分别提供给平台上运作的供应商、数据驱动的工厂、签约的物流企业，完成产品在平台上实现直销与配送。酷特智能平台成为多行业客户、供应商、工厂、物流企业共生的平台（平台已有西装、衬衣、大衣、马甲等正装产品品类）。酷特智能由一个数据驱动的智能制造企业继续转型为一个端到端全供应链生态体系的平台型企业。

（二）酷特智能创新的核心

酷特智能创建的端到端全供应链生态体系，是运用互联网思维，依托大数据、云计算、物联网、人工智能等技术与理念，以满足全球消费者个性化需求为主导，由酷特智能平台支撑的个性化产品大工业化生产、直销客户的融合性经营方式，促成了传统制造企业的转型。与传统的供应链相比，去掉了分销商、零售商，形成了消费者与工厂直联的C2M供需生态。在以生产商为核心的供应链创新中，酷特智能引发了企业在更多领域的广泛创新，满足了企业本身的各种内外部改革需要和价值追求，同时也创新和颠覆了传统制造业的价值理念和发展模式。

一是利用互联网思维实现消费者与企业直接对话，颠覆了传统商业规则。酷特智能平台把消费者和工厂联系起来，把生产和营销结合起来，改变了传统消费品分层级营销的陈旧商业规则，真正建立起C端和M端直线交互的商业逻辑和商业业态，消除了中间商拉高的价格空间，使消费者得到最优性价比的产品和服务。

二是利用物联网逻辑实现智能制造，颠覆了工业制造传统微笑曲线。酷特智能物联网把供给和需求双方相关的人与人、设备与设备、人与设备链接起来，客户在线上提交需求，直接传导至智能制造系统，员工在网上云端获取数据，然后进行具体操作，实现数据驱动的智能制造，在不购置升级硬件设备和增加员工的情况下，使生产周期由传统的20天以上缩短为7个工作日；同时，物联网串起产品研发设计、生产加工、营销服务的全过程，使制造业企业成为高利润率的企业。

三是以大数据效率满足大规模的差异化需求，颠覆了传统定制生产方式。酷特智能大数据运用独特的算法，建立了上百万万亿的的数据组合，能够满足全球人类99%以上个性化正装需求，可提供智能设计、自动排产等，改变了个性化服装单件设计、单件生产的传统手工作坊作业方式，解决了设计过程、产品过程、工艺工程中的瓶颈和难题，使设计成本下降，原材料库存减少，制成品实现“零”库存。

四是以酷特云蓝治理之道引领企业组织变革与效率提升，颠覆了传统企业科层式的组织架构。围绕企业源点，在企业内部推行去领导化和审批制，去部门和科层，建立极致扁平化的组织和端对端的流程，使每一名员工都对应源点展开工作，由酷特平台与监督考核机制串起企业资源、决策、协同的全过程，改变了以马克斯·韦伯的科层制为核心的传统企业金字塔组织形式，使企业的运营成本下降，运营效率提高。

五是以互联网平台汇集资源，颠覆了传统供应链理论。酷特智能平台作为供应链协同平台，通过平台打破了企业边界，多个生产单元和上下游企业通过信息系统共享数据、协同生产。同时，酷特智能平台又是C2M定制直销跨境电商平台，支持国内外消费者在线定制，与物流公司进行信息系统对接，自动打印运单、运单状态实时跟踪、客户签收自动回传；与海关联合研发报关报检系统对接，与海关电子监管系统对接，实现定期汇总清单和批量通货，以及跨境电子商务业务数据互联互通。酷特智能平台支撑的端到端供应链体系，使上下游企业协同作战，颠覆了传统供应链先来后到的理论。

六是以融合化理念推进业态创新，颠覆了传统产业的划分。酷特智能平台融合了设计、制造、销售、物流等全过程，同一产品的设计、制造、营销等都在一个平台上实现，甚至不同细分行业的产品，也可以在同一平台上实现。这个平台上集成了众多的设计商、生产商、供应商、物流商等，生产制造与生产性服务的边界、甚至细分行业之间的边界被打破，颠覆了传统的产业划分，同时融合了研发设计、生产制造、营销与服务的制造业的利润空间发生了根本的变化，企业利润率是传统制造业的数倍。

酷特智能端到端供应链生态体系的创建，形成了需求直接驱动全流程的全新价值链，依照客户需求进行个性化定制生产，充分释放了员工生产力，生产效率提升，缩短了交货期。

（三）大规模个性化定制模式的标准化及其推广应用

酷特智能把在服装定制领域的成功经验形成了标准化的解决方案，命名为“SDE 源点论数据工程”（Source Data Engineering），即传统工业转型升级的方法论（见图 1），彻底有效地解决目前企业面临的库存问题、设计问题、营销问题、成本问题、竞争力不足等诸多问题，推动行业由过去传统的“大规模制造方式”转型为“以消费者需求为导向的个性化大规模定制”。酷特智能把大规模定制的基因植入到传统型企业，为企业提供转型有效诊断、盈利模式设计、规划设计蓝图、软件定制开发、生产流程再造、工程师驻场工程改造、管理咨询等服务，实现数据驱动的智能运行体，帮助企业实现不同程度的转型升级。

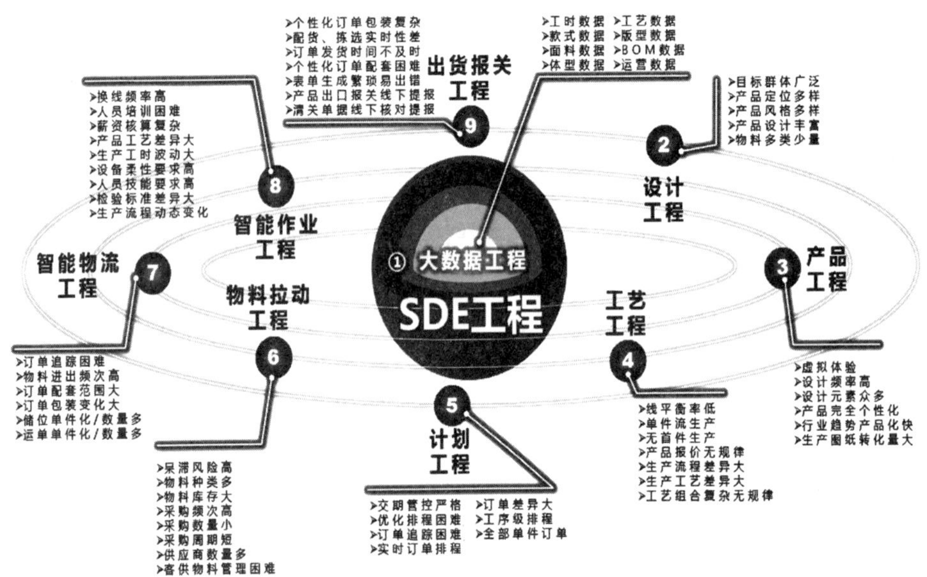

图 1　酷特智能模式解决制造业的瓶颈问题

酷特智能成立研究院，通过开设培训班、公开课、外出演讲授课、和高等院校合办 EMBA 培训班、开放工厂参观、管理咨询、驻场改造等形式推广解决方案。与中国互联网协会共同成立了“中国产业互联网研究院”；

联合清华大学、北京航空航天大学、中科院大学、香港城市大学协议成立“酷特智能工学院”，提供落地案例培训、咨询、辅导、工程改造；作为工信部“长风计划”之工业大数据驱动制造转型升级示范工程，以实际行动帮助各地产业、企业转型升级，提质增效。酷特智能是智能制造系统解决方案供应商联盟、工业互联网产业联盟、中国服装智能制造技术创新战略联盟、中国个性化定制联盟等联盟成员单位，为推动中国工业企业转型升级贡献力量。

四、实施效果

酷特智能个性化定制模式的推广应用，在国内外范围内引发强烈反响，华为、阿里巴巴、联想、中车等国内外企业、院校、科研机构、政府等各界单位多次到访学习，仅 2015 年以来就有 6 万余各界人士来访学习，在全国范围内乃至国外的企业中形成了向大规模个性化定制转型实践的热潮。

目前，酷特智能正在帮助全国各地的企业进行转型升级的辅导和工程改造，签约 30 多个行业的 70 多家企业。酷特智能模式可以帮助各地政府进行产业“精准式、集群式”的转型升级，帮助政府搭建转型升级的服务平台。至今，由酷特带动的转型升级企业已达 15000 家以上，这些企业在酷特智能模式的启发下进行二次创业创新，形成以用户为核心的定制新模式新业态，促进了定制产业体系雏形的初步形成。

五、下一步工作思路

（一）继续优化提升服装定制样板工厂

新建定制西装车间 3 个，在建 C2M 定制云服务平台/双创平台科研基地，已经开工建设，一期计划投资 4 亿元。

（二）迭代开发 C2M 定制云服务平台

形成多个产品品类的定制系统，后台数据集中到云平台。C 端是产品呈现面，是定制消费的入口，支持 C2M、B2M、M2M 多品类多品种的线上交互交易，包含多个独立电商平台。2 端是大数据中心，沉淀、分析、应用 C 端和 M 端的需求/设计/运营等数据，为整个价值链输出数据支持。

M 端是企业供应链，通过系统集成使多个品类的企业协同合作，提供定制产品与服务。

（三）打造双创服务平台

C2M 平台支持“大众创业，万众创新”。设计端，整合社会设计师，对其设计作品进行转换，形成产品，共同分享利润。消费端，支持口碑营销、粉丝营销，有意愿从事定制创业的都可以借助于 C2M 平台做服装定制（随着平台品牌的扩展，可以涉及多品类产品定制）。支持 ODM、OEM，传统服装品牌、互联网品牌、成衣品牌都可以借由 C2M 平台实现转型。支持开办新企业、建立新模式、开拓新市场。目前 C2M 平台孵化的新的中小企业 1000 家以上，企业用户 1.2 万多家。通过集聚效应吸引政府、高校、孵化器等资源，建立适合创客发展的管理体系，帮助创客小微对接各类资源，搭建创客孵化加速生态圈。聚焦定制产业集群、新模式工厂和投资孵化。与投资公司合作，对应用酷特智能模式的优秀项目或者定制新模式项目，进行资本支持。

专家点评

在制造业竞争激烈的当下，很多企业都在探索如何寻求成本之外的竞争优势。抓住互联网的风口，酷特智能创建了大规模个性化定制供应链生态体系，用工业化的手段、效率及成本进行定制生产和服务，彻底革新生产方式和周期，实现流水线上个性化定制，推动了服装制造这一传统产业的生产模式、经营模式、盈利模式的转变，将品牌影响力提升到一个全新的高度。这样的变革非常有普适价值。不仅体现在抓住了技术革命产业变革的机遇，更是因为酷特智能的尝试，为传统制造企业找到了生存发展的新空间，提供了一套全新的方法论。

目前，酷特智能不仅实现了服装领域的个性定制智能生产，更把这种模式加以提炼，输出到多个行业，逐步向解决方案提供商转变。一旦模式可行可推广，将产生多米诺骨牌效应。酷特智能的例子给我们启发，勇敢拥抱新技术、新业态，传统产业依旧会迎来柳暗花明的市场和发展空间。

品牌延伸打造国际潍柴

——潍柴控股集团有限公司

潍柴控股集团有限公司是国内外具有重要影响力的汽车及装备制造集团，近十年来，潍柴集团围绕战略主业，抢抓发展机遇，先后跨国并购法国博杜安、战略重组意大利法拉帝、投资德国凯傲和林德液压，整合北美德马泰克和PSI，通过“欧洲三部曲”和“北美二重奏”掌握了核心技术资源，完成了由国内布局向全球布局的跨越，潍柴成功走向世界，成为国际品牌。2017 年，潍柴集团营业收入突破 2200 亿元，实现了历史性跨越。

一、企业概况

潍柴控股集团有限公司（以下简称“潍柴集团”）创建于 1946 年，是一家跨领域、跨行业经营的国际化集团，拥有汽车业务、工程机械、动力系统、智能物流、豪华游艇和金融服务六大业务平台，拥有行业内唯一的内燃机可靠性国家重点实验室，建设了“国家级企业技术中心”及国内一流的产品试验中心，设有“博士后工作站”，取得了以国内第一台拥有完全自主知识产权的高速大功率蓝擎发动机、第一套自主 ECU 电控系统等为代表的一批引领行业发展的创新成果。潍柴动力重型发动机、法士特重型变速箱销量全球第一，陕汽重卡、汉德车桥、火炬火花塞等在中国处于市场领先地位，法拉帝游艇、凯傲叉车、林德液压、德马泰克等均为全球领先品牌。分子公司遍及欧洲、北美、东南亚、南亚等地，产品远销 150 多个国家和地区。

二、案例背景

潍柴集团从 2009 年开始实施国际化的品牌延伸战略，以“绿色动力、国际潍柴”为使命，以“以整车、整机为导向、以动力系统为核心，成为全球领先、拥有核心技术、可持续发展的国际化企业集团”为愿景，打造独具特色的全球装备制造业的重要一极。

潍柴集团先后战略重组商用车领域的湘火炬、发动机领域的法国博杜安、豪华游艇领域的意大利法拉帝、液压及物料搬运领域的德国凯傲及林德液压，由原来的单一潍柴动力发动机品牌扩展为拥有陕重汽、法士特、汉德等商用车品牌，博杜安（Baudouin）大马力发动机品牌，法拉帝（Ferretti）豪华游艇品牌，凯傲、林德（Linde）、德马泰克等智能物流品牌的品牌集群，从品牌基础上扩大了潍柴集团在各个相关领域的影响力与话语权。图 1 为潍柴品牌矩阵。

WEICHAI
潍　柴

图 1　潍柴品牌矩阵

三、具体做法

潍柴品牌国际化延伸的步骤是：跨国并购法国博杜安、战略重组意大利法拉帝、投资德国凯傲和林德液压、整合北美德马泰克。

（一）法国博杜安——百年传承军工技术

2009 年，潍柴并购法国博杜安，迈出了潍柴全球化产业布局的第一步。从此，进入一个新的全球化时代。

博杜安公司总部位于法国卡西市，创建于 1890 年。一个世纪以来，博杜安公司始终作为一个拥有航海精神的动力供应商活跃于世界海洋及内陆船舶工业领域。公司在1929年成为全球三大船用发动机供应商之一；1948年推出完整的推进系统；1989年第一次参加欧洲近海F1大奖赛并赢得柴油组冠军；1991年开发出L6、V8、V12三种M26系列发动机。博杜安公司为法国最大的船用发动机及动力系统供应商，拥有专业发动机及驱动总成的设计、开发、制造能力，其主导产品M26发动机是豪华游艇和发电设备的理想动力，与潍柴现有产品组合具有很强的互补性。

自2009年至今，潍柴集团从研发、市场、成本、管控等方面在博杜安取得了巨大的成绩，主要表现在：欧洲研发中心组建，博杜安产品线得到丰富；为潍柴集团的核心技术——船舶推进系统的研发提供了巨大的支持；销售收入大幅增长；市场不断拓展，新增加俄罗斯、土耳其、刚果、新加坡等新兴市场，并逐步进入欧洲内河航运市场；博杜安发动机实现中国制造，实现产业协同，已完成20多个主要件国产化、大幅降低单台成本。

（二）意大利法拉帝——全球豪华游艇的旗舰

2012年1月10日，潍柴集团与法拉帝公司签署战略重组协议，获得新法拉帝公司75%的股份，同年7月3日，双方正式完成交割。

意大利法拉帝集团成立于1968年，是全球最大的豪华游艇制造商，旗下拥有8个游艇品牌，其中，法拉帝（Ferretti）、博星（Pershing）、丽娃（Riva）和博川（Bertram）四个品牌位居全球10大品牌之列。法拉帝集团拥有全球最先进的船型开发、动力匹配与内饰设计中心，以及670多家全球供应商体系和全球最先进的制造系统，在80多个国家和地区拥有100多家经销商和代理商组成的销售网络，在全球35个国家设立了100多个维修网站及零部件供应中心，确保5000多个配件的持续供应。作为世界最高端游艇制造商，法拉帝集团的客户遍布全球并在各行各业卓有成就，掌握各类资源优势。

重组后，法拉帝集团借助潍柴集团品牌影响力，先后在国内及亚太市场签下重要订单，正式进军亚太市场。通过重组，潍柴完成了由陆地动力向海上动力、由经营中国品牌到经营全球知名品牌的飞跃。

（三）德国凯傲集团及林德液压——液压及物料搬运领导者

继成功重组意大利法拉帝游艇公司之后，潍柴与世界首屈一指的工业叉车制造商和液压技术的全球领先者——德国凯傲集团在威斯巴登成功完成交易，成为当时中国企业在德国最大的一笔直接投资。

凯傲集团是全球排名第二、欧洲排名第一的工业叉车制造商，员工数约为22000人，是在中国占据领先地位的跨国供应商，占全球叉车市场份额的15%，全球叉车保有量100余万台，约1200余家经销服务商，拥有六大品牌：林德（Linde）、斯迪尔（STILL）、芬威克（Fenwick）、欧姆-斯迪尔（OM STILL）、宝骊（Baoli）和沃特（Voltas）。林德和斯迪尔服务全球高端市场，芬威克是法国最大的物料搬运产品供应品牌，欧姆-斯迪尔是意大利市场上的佼佼者，宝骊品牌主打经济型市场，沃特是印度最顶尖的两家市场领导品牌之一。

“得液压件者得天下！”。液压控制系统是制约我国装备制造业发展最突出的“瓶颈”，过去国内液压高端产品完全依赖进口。林德液压是液压技术的全球领先者，是全球第一家将额定工作压力提高至500BAR的液压制造商，是全球既能提供开式又能提供闭式液压循环系统的两家供应商之一，是全球能提供电液一体化解决方案的极少数制造商之一，是全球领先的高压、静液压技术和系统解决方案的领导者，拥有400多项专利。

并购凯傲是潍柴集团拓展产业链，开拓国际市场，树立国际化品牌，加速产品结构调整和产业技术升级的难得机遇，成为潍柴集团业务结构升级、全球化战略推进过程中迈出的重要一步：

1. 有助于潍柴集团快速掌握全球领先的高端液压技术。通过适应性开发合作，实现在工程机械、农业机械、游艇、宇航等多领域的全面突破，使潍柴集团的核心技术直接步入全球领先水平，迅速占领液压行业的制高点，彻底改变我国高端液压产品长期依赖进口的局面，推动我国工程机械产业向价值链高端拓展，真正实现从中国制造向中国创造的转变。

2. 有助于打造国内高端液压产业基地，并经过努力形成全球液压系统的制造中心。依托潍柴集团现有的资源优势，通过技术引进、消化吸收和自主创新，建设全系列、全领域、全球领先的国内中高端液压研发制造基地，全面提升中国高端装备制造业技术水平。

3. 有助于推进潍柴集团战略落地、产业结构调整和国际化发展进程。

（四）德马泰克——智能物流解决方案全球领导者

2016年6月，潍柴集团境外子公司德国凯傲集团与Dematic Group（德马泰克）股东签署协议，收购德马泰克全部股份。

德马泰克是一家通过高度整合自动技术、软件和服务来优化供应链并满足客户物料搬运需求的全球领先供应商。通过收购德马泰克，凯傲将成为一家智能内部物流解决方案的全球领先提供商。同时，本次收购完全契合潍柴集团整体战略目标和全球化战略布局，拓展延伸了潍柴在全球尤其是北美市场的业务布局，使得区域及业务更加多元化，抗风险能力进一步增强。

四、实施效果

从经济效益来看，包括法国博杜安、意大利法拉帝、德国林德液压、北美德马泰克等在内的潍柴集团所有海外项目，全部实现了盈利，利润总额实现了大幅度提升。

从品牌发展来看，通过海外并购项目，现在潍柴的品牌认知度已经登上了全球的舞台，不但在汽车机械制造行业中享誉中外，同时也在社会大众心目中建立起了知名度，为以后进入更多的产业领域，打好了品牌再发展的坚实基础。

从企业发展来看，海外资源整合实现了产业的合纵连横，潍柴由一家中国柴油机制造商迅速崛起为涉足动力总成、整车整机和智能物流三大业务板块，面向欧美等国际市场的全球化高端制造企业，成为中国制造撬动全球市场的一个重要支点。

五、下一步工作思路

潍柴已经发布2020—2030战略，到2020年传统业务要超越世界一流水平，到2030年新能源业务要引领全球行业发展，收入达到1000亿美元，成为世界500强中的国际化强企。在未来发展中，潍柴将强化全球资源整合，不断提升核心竞争力，努力实现新时代的更高质量发展。

专家点评

潍柴不追求“世界500强”的虚荣，更关注成为“受人尊敬的世界500强中的国际化强企”。潍柴围绕战略定位，立足产业，抓住机遇，走出国门，通过战略重组和并购投资等方式进行品牌延伸，科学运用资本手段，投资和整合全球优势产业和技术资源，发挥海外公司桥头堡作用，前瞻性地探索行业发展新趋势，不仅扩展了集团产业链，补齐了业务短板，更提升了集团产品和品牌竞争优势，在传统动能转型道路上，探索出了“潍柴模式”；在新动能发展方面，更是已经做好了市场布局。一个崭新的世界级的中国企业，即将诞生。

基于战略和市场调研确定产品品牌定位

——广州珠江钢琴集团股份有限公司

珠江钢琴60年间的发展历程中，秉承“创造完美声音之源，做人类和谐生活、高雅文化的使者”的使命，悉心培育珠江、恺撒堡、京珠等自主品牌，收购里特米勒（Ritmuller）、SCHIMMEL等欧洲高端品牌，构建从入门级到高档不同梯次的产品线以及高、中、普及各层级品牌协调发展的品牌架构，在国内形成了以广州、北京为中心，带动东、南、西、北部四大区域发展的市场格局，在国外形成了以美国、德国为核心市场辐射五大洲的全球销售网络，向“造世界最好的钢琴、做世界最强的乐器企业”的愿景目标不断迈进。

一、企业概况

广州珠江钢琴集团股份有限公司（以下简称“珠江钢琴集团”）建于1956年，是一家集钢琴、数码乐器、音乐教育、文化传媒协同发展的综合乐器文化上市企业。至2017年公司年产销量已超过14万架，累计钢琴产销超200万架，销售辐射全球100多个国家和地区，国内市场占有率达35%以上，全球市场占有率达25%以上。珠江钢琴集团拥有珠江、恺撒堡、京珠等自主钢琴品牌，立足全球市场，收购著名欧洲钢琴品牌里特米勒和国际著名高端钢琴品牌德国SCHIMMEL公司。

二、案例背景

近代钢琴工业诞生于十七世纪末的欧洲，至今已有三百多年的历史，现代钢琴制造业已经由手工制造逐步发展为工业生产，钢琴市场随之向全球范围内扩散。二十世纪上半叶，美国成为世界上最大的钢琴生产国；二战后，日本钢琴制造业迅速崛起，采用自动化生产设备，以低廉的价格向全球市场推出优质钢琴产品。近年来，欧美、日韩钢琴制造商纷纷向中国转移钢琴制造业务，中国现已成为全球钢琴业的生产中心。面对钢琴市场竞争日益激烈的态势，进行准确的产品品牌定位对满足目标顾客需求、提升顾客满意度和产品市场竞争力，凸现其区别于竞争对手的品牌形象显得尤为重要。

三、具体做法

（一）基于公司战略制定实施多品牌管理格局

围绕“聚焦乐器文化产业，立足主业，持续优化产品结构，造世界最好的钢琴；关联延伸，合理布局产业结构，做全球最强的乐器企业”的公司发展战略，通过对乐器行业竞争现状及发展趋势分析、公司内外部环境和公司品牌资产分析等，确定了如下品牌战略和品牌管理工作路径：

品牌培育方针：智造经典，传播高雅文化；全球视野，永恒创新发展；追求卓越，树立行业标杆。

品牌战略目标：树立世界级高端钢琴品牌，铸造世界级综合乐器文化品牌。

品牌管理目标：对集团下属的众多产品业务品牌进行分层分类管理，形成“统一使用集团品牌、集团背书品牌、独立品牌”的管理格局。

工作路径：制定合理的多品牌架构，为每个品牌确定不同的角色和演变路径；改变每个品牌都代表“性价比最高”的消费者印象，通过传统钢琴品牌组合和区隔战略，让每个品牌都有细分的目标消费者，针对细分需求，以独特的品牌内涵赢得细分消费群的青睐；以品牌为中心，树立“品牌事业部”思维，减少对传统协同效应的依赖；重点塑造 SCHIMMEL、恺撒堡高档钢琴品牌形象，通过单独运作，提升集团钢琴品牌的整体品牌结构的层次性与合理性。对集团下属各职能部门、公司机构进行板块化归位，明确各自所在的品牌关系板块和管理方法。

（二）基于市场调研进行市场细分和品牌定位

根据公司品牌战略规划和年度经营计划，借助多种有效途径获取有效的市场信息和顾客需求信息：参加国内外具有全球影响力的乐器展览会、举办年度订货会议及各种形式产品推介会、走访市场、邀请海内外经销商来访等多种途径，及时与国内外经销商沟通交流，获取顾客需求信息和行业信息；定期邀请各大音乐类专业院校老师、专家学者、钢琴家等来公司参观交流，获取专业意见和建议；邀请国内外知名钢琴设计大师、工艺大师来厂指导，获取行业技术发展信息；随时关注政府、行业网站，乐器杂志、年鉴等，获取宏观环境、政策和行业动态相关信息；借助海内外分公司，直接获取海内外市场信息、行业动态信息及技术发展信息；每年委托第三方调查公司，在海内外通过营销服务网络组织对最终用户满意度调查，获取顾客满意信息。

在充分获取市场信息后，按照各地行业成熟度以及经济发达程度，将国内外市场划分为战略市场、重点市场、潜力市场、重点培育市场，并对不同市场实施针对性发展策略。

1. “2 +2 +1 +1” 国内市场细分与定位模式

公司通过对国内各区域经济、文化的差异性和相似性的数据筛选及对比分析，充分考虑广州是珠江钢琴集团的总部，北京是国家政治文化中心的特殊性，对国内市场采取“2 +2 +1 +1”的市场细分模式（见表1），建立以广州、北京等钢琴制造基地为基础、辐射中国东部、南部、西部、北部四大区域的产业格局。加强北京生产基地京珠钢琴的生产能力，为提升京珠钢琴产量提供保障；完成增城制造基地建设，加强恺撒堡、里特米勒等中高档钢琴品牌的生产与装配，将增城制造基地作为钢琴制造、销售、服务总部，以及出口琴的生产和出口基地。

表1　“2 +2 +1 +1”国内市场细分与定位模式

定位	主要省市	市场特征	市场策略
战略市场	广州	1. 经济发达，文化水平较高； 2. 市场需求量大，品牌占有率高，竞争优势明显。	借助占有率优势，重点发展中高档产品市场；重点开展各类市场管理手段，为国内市场的发展引导方向，逐步巩固市场地位。

表1（续）

定位	主要省市	市场特征	市场策略
战略市场	北京	1. 是国家政治文化中心，经济、文化水平高； 2. 市场需求总量大、竞争非常激烈。	全面推介中高档和普及钢琴，以双向增强市场占有率为目的，构筑品牌影响力的主导地位；设立区域总部，建立工厂，因地制宜地推出自主品牌京珠钢琴，以实现品牌提升和市场占有率双向发展。 设立珠江钢琴北京艺术之家，宣传珠江高端制造，弘扬珠江工匠精神，打造音乐名家艺术平台，深化全国布局。
重点市场（东部）	上海、江苏、浙江、安徽、江西、山东	1. 经济发达、文化水平高； 2. 市场需求量大，增长率较高，竞争很激烈。	发展中高档钢琴市场；通过品牌推广、服务提升、发展优质经销商，实现市场稳固发展。
重点市场（南部）	河南、湖南、湖北、广西壮族自治区、海南、福建、重庆、四川、天津	1. 经济、文化水平较高； 2. 市场较为成熟，增长率较高，竞争较激烈。	发展中高档钢琴市场；持续提高市场份额。加强与院校等组织的合作，利用活动提升品牌影响力。
潜力市场	贵州、云南、陕西、辽宁、河北、山西	1. 市场成长趋于成熟； 2. 需求不均衡，竞争一般。	加强品牌影响力推广；争取在培育市场的同时加大力度占据更大份额的市场。
重点培育市场	吉林、黑龙江、内蒙古自治区、西藏自治区、甘肃、青海、宁夏回族自治区、新疆维吾尔自治区	1. 经济相对滞后，行业发展区域不均； 2. 需求量相对成长力不够。	加强与当地培训类学校、音乐类院校和师范类院校的合作，努力培育市场，同时加大对当地合作经销商在教育、师资等方面的投资，宣传品牌的同时培育市场稳步成长。

2. “2+3+2”国际市场细分模式

集团公司通过对国际市场政治、经济、教育、文化、行业发展程度、市场需求潜力等因素进行分析，充分考虑到美国是世界经济中心，德国是世界钢琴发源地的特殊性，对国际市场采取“2+3+2”的市场细分模式

（见表2），通过对各区域市场各因素的分析，结合珠江钢琴集团在当地的优劣势，确定目标市场定位。

表2 “2+3+2”国际细分市场

区域	市场特征分析	市场定位	市场策略
美国	1. 世界经济中心，消费水平很高，需求趋向个性化； 2. 市场需求稳定，竞争激烈。	战略市场	主推中高档钢琴；调整产品结构，稳固原有的销售网络和市场份额。
德国	1. 经济水平高，是世界钢琴发源地，文化底蕴浓厚； 2. 中高端产品需求潜力大，竞争激烈。	战略市场	收购国际著名百年钢琴品牌德国SCHIMMEL公司；设立区域总部，建立工厂；主推中高档钢琴；借助品牌推广、服务提升，提高珠江钢琴的国际市场地位。
美洲	1. 经济发展悬殊，追求个性化消费； 2. 市场需求量大，增量稳定，竞争一般。	重点市场	借助美式琴进入当地市场；全面提升产品环境适应能力；着重发展加拿大市场。
欧洲	1. 消费水平高，偏好民族品牌； 2. 市场需求量大，中高端市场潜力较大，竞争激烈。	重点市场	主推中档、高档钢琴；利用德国本土品牌里特米勒参与市场竞争；着重发展英国、法国等市场。
大洋洲	1. 经济、文化发展水平较高； 2. 市场需求量较大，增量稳定，竞争一般。	重点市场	全面推介普及、中档、高档钢琴；借助品牌推广和产品推介，提升品牌知名度。
亚洲	1. 经济、文化水平逐渐提高； 2. 竞争对手雅马哈拥有较大的品牌影响力； 3. 市场需求量大，增长速度快，竞争激烈。	重点培育市场	主推中档、高档钢琴；通过产品推广、服务提升、优化产品和经销商结构，赶超竞争对手，提高市场占有率。
非洲	1. 经济、文化发展水平低； 2. 市场需求量小，增量一般，竞争一般。	重点培育市场	主推普及钢琴；加强产品宣传力度，开发市场，抢先竞争对手占领市场。

3. 品牌定位

通过对国际、国内市场的细分和定位，珠江钢琴集团明确了高、中档和普及型钢琴产品市场需求特点、市场特征和目标顾客群，对旗下所有钢琴品牌进行重新定位（见表3），将中高档钢琴品牌作为公司未来发展的重点，并确定发展路径：一是凭借SCHIMMEL全球性的品牌影响力，为高端消费群体提供高品质、高附加值的产品，实现集团公司在国际高端钢琴市场的突破，带动恺撒堡、里特米勒的品牌形象持续提升；二是继续提升恺撒堡、里特米勒的品牌价值，以品牌价值作为营销卖点提高销售收入；三是提升珠江、京珠系列钢琴品牌影响力，树立最受消费者喜爱的品牌形象，提高盈利能力和市场占有率。通过对产品组合的差异化、精细化运作，构建从入门级到高档不同梯次的产品线，建立相对完善涵盖高、中、普及型钢琴品牌，促进各层级品牌协调发展的总体布局。

表3　品牌定位方案

推出年份	品牌名称	品牌定位	来源
1958	珠江	新中国历史最悠久的钢琴品牌之一，以大众化消费群为主，2003年被认定为“中国最有价值的乐器品牌”。近年推出“珠江精品”P系列、“珠江提高版”T系列，形成新一代高性价比中高档产品。现该品牌已发展为具有立式钢琴、三角钢琴两大系列共120个型号产品。	自主品牌
2001	里特米勒	欧洲古老的著名钢琴品牌之一，1999年9月珠江钢琴集团出巨资收购了该品牌，包括其技术和工艺等专利，2001年3月在中国注册生产，属珠江钢琴集团中高档钢琴产品系列，现该品牌已发展为具有立式钢琴、三角钢琴两大系列共114个型号产品。	德国收购
2007	恺撒堡	国内首个专业高档钢琴品牌，由世界著名钢琴设计大师与珠江钢琴技术团队合力打造、冲刺世界一流品牌技术质量水平的钢琴。该品牌现有立式钢琴、三角钢琴两大系列共85个型号产品。	自主品牌
2010	京珠	专门针对北方区域气候特点、人文特点设计注册的钢琴品牌。该品牌现有立式钢琴、三角钢琴两大系列共55个型号产品。	自主品牌
2016	SCHIMMEL	国际著名高端钢琴品牌之一，2016年5月整体收购其90%股权。现属珠江钢琴集团高档钢琴产品系列。该品牌现有立式钢琴、三角钢琴5个系列共50个型号产品。	德国收购

（三）基于中高端定位提升品牌内在价值

面向中高端市场需求，珠江钢琴集团引聘欧洲国际钢琴专家，建立了一支包括国际钢琴设计大师、国际钢琴制造大师、国内外著名钢琴家在内的专业设计制造团队，对集团的技术、工艺进行全面改造，设计、研发世界级高档钢琴，全方位提升产品水平；与高校、科研机构合作，产学研联合，推进高校科技成果实现产业化；提高产品的科技含量，促使产品结构进一步优化，使技术工艺实现大的系统性的飞跃，钢琴产品已达到国际（欧洲）高档钢琴水平，基本达到世界顶级钢琴的水准。

根据市场需求，珠江钢琴集团积极保障中高端、高附加值品种的生产优先权。在新建的国家文化产业示范基地，珠江钢琴合理布局，增设多条中高端钢琴生产线，并进行设备升级改造。同时针对中高端品牌需求反馈开展研发工作，按照用户需求和市场趋势，开发个性化，小批量、多型号的限量版钢琴，并选用新技术，导入木皮拼接、UV 打印、水转印、水贴纸、镭射雕刻、丝印等工艺，制造出不同图案化的外观，使钢琴产品迎合不同市场、不同层次、不同顾客的不同需求，凸现个性化钢琴魅力。

四、实施效果

珠江钢琴集团通过有效的市场细分和品牌定位，为技术创新、产品开发、市场拓展、品牌培育其他过程的展开奠定良好的基础，在国内形成了以广州、北京为中心，带动东、南、西、北部四大区域发展的市场格局，在国外形成了以美国、德国为核心市场辐射五大洲的全球销售网络，现已拥有国内销售网点 360 多个、国内特约维修服务网点 260 多家，国际销售服务网点 200 多个。清晰的品牌与产品定位满足了目标顾客的不同需求，有效实现了集团公司品牌发展战略目标。

集团公司连续委托第三方及国外营销网点进行顾客和市场相关调查统计，其结果显示，近年珠江钢琴集团产品的国内外市场占有率（见图 1）、用户总体满意度（见图 2）均保持了持续上升的态势。

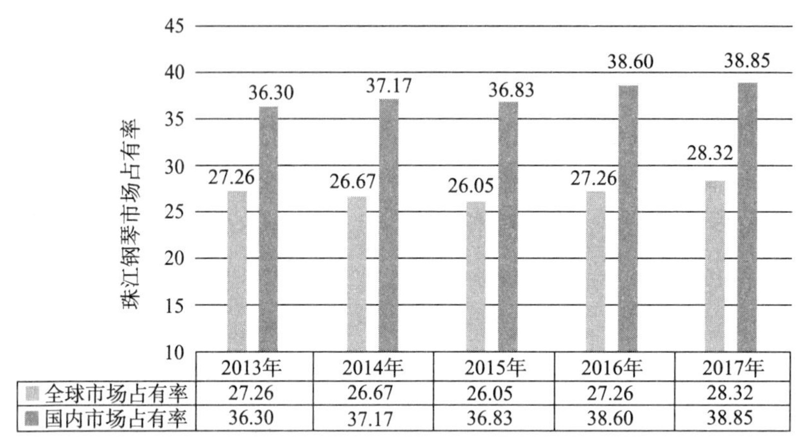

	2013年	2014年	2015年	2016年	2017年
全球市场占有率	27.26	26.67	26.05	27.26	28.32
国内市场占有率	36.30	37.17	36.83	38.60	38.85

图 1　2013 年～2017 年国内外市场占有率柱状图

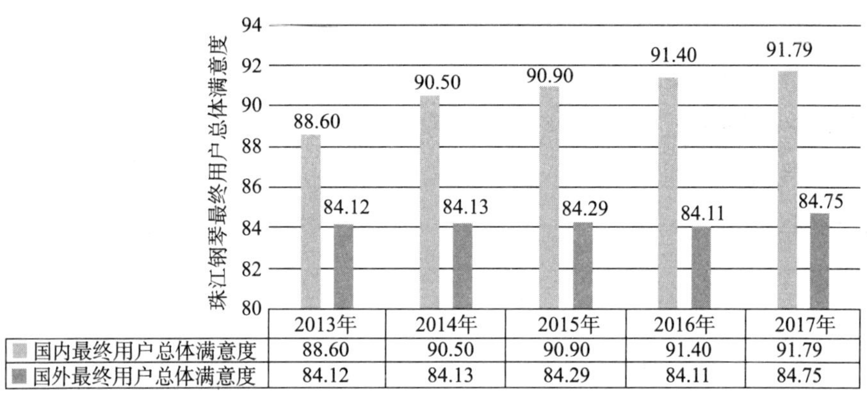

	2013年	2014年	2015年	2016年	2017年
国内最终用户总体满意度	88.60	90.50	90.90	91.40	91.79
国外最终用户总体满意度	84.12	84.13	84.29	84.11	84.75

图 2　2013 年～2017 年国内外用户总体满意度柱状图

五、下一步工作思路

下一步，珠江钢琴集团将坚持乐器品牌向高端发展，创新国际合作机制，提升品牌国际化水平。加快核心尖端技术开发和产业化应用，建设制造规模和技术水平居世界前列的先进乐器研发制造基地，力争实现由世界知名到世界最强品牌的突破。

世界知名

√中国乐器行业龙头企业
√产销规模全球最大，出口一百多个国家和地区
√是乐器行业唯一拥有国家级技术中心的高新技术企业，钢琴技术水平全国领先
√珠江钢琴是“中国名牌产品”、“中国驰名商标”，是在国际上最具知名度的中国钢琴品牌

具备冲击全球最强的雄厚实力

世界最强

√以国际顶级品牌斯坦威钢琴为技术标杆，以演奏会用琴研制技术的突破为着眼点，实行全国最好到世界最好的技术突破，实现世界知名品牌到世界一流品牌的突破
√着眼全球乐器发展潮流，拓展数码乐器及音乐教育文化业务，打造钢琴制造、数码乐器、音乐文化教育领域的世界级强势企业，实现珠江钢琴从全国最强到世界最强的突破

在世界舞台奏响民族品牌最强音

专家点评

作为一家具有领军地位和广泛国际影响力的中国乐器品牌，珠江钢琴集团既要在高端市场持续强化创新能力，确保高端品牌的市场号召力，又要针对不同细分市场，采取精准有效的市场策略，确保企业整体市场份额的增长和行业影响力。珠江钢琴集团按照各地行业成熟度以及经济发达程度，将国内外市场划分为战略市场、重点市场、潜力市场、重点培育市场，明确各市场的市场特征和市场策略，针对性建立高、中、普及各层级品牌协调发展的品牌定位方案，为每个品牌确定不同的角色和演变路径，形成更加稳健的多元业务组合，很好地支持了集团公司的可持续发展。

实施 BOOM 战略　塑造世界级品牌形象

——好孩子儿童用品有限公司

好孩子儿童用品有限公司从自主发明四功能婴儿车起步，28 年来坚持研发创新、优质制造、资本运作、海外并购、品牌经营，逐步成长为全球儿童耐用品产业经营规模最大、市场份额最高的企业。面对扁平化、全球化的市场，好孩子秉承“用设计，做品牌”的理念，实施 BOOM（品牌、线下、线上、粉丝）战略，“一头做研发，一头做市场”，既保证产品、服务的高质量与创新性，又协同多方资源，采用高效的品牌培育与品牌传播策略，转型升级做互联网基因的品牌零售商，取得显著的经济效益和社会效益。

一、企业概况

好孩子儿童用品有限公司（以下简称“好孩子”）创立于 1989 年，是全世界最大的儿童耐用品供应商和品牌经营商，也是中国最大的孕婴童全渠道零售平台和生活方案提供商，主要从事婴儿推车、儿童汽车安全座、婴儿床、自行车、三轮车以及其他儿童耐用品的研发、设计、生产、营销和销售，旗下拥有高、中、低档全覆盖的自主品牌体系，可满足育儿家庭的全方位需求。

目前，好孩子集团年销售收入已超过 110 亿元，共有固定资产 8.1 亿元，在全球共设立各类机构 56 个，全球员工总数 28000 余人。一个濒临倒闭的校办工厂，如今已成长为世界儿童用品行业中规模最大、市场份额最高的领军企业，并正从大数据分析、智能制造、高科技产品研发、模拟技术应用、水平和垂直系统整合、绿色生态、标准和检测 7 个方面加大投资，打造未来生产力，向“全球化、世界级、粉丝级、生态型、整合者”的世界产业生态链的目标大步迈进。

二、案例背景

随着后金融危机时期的来临，儿童用品企业竞争加剧，好孩子集团公司面临着全新的机遇和挑战：

第一，市场趋于扁平化，模式转型迫在眉睫。市场趋于扁平，零售商迫切寻求与制造商的直接合作，好孩子意识到“以前老的模式走到头了，必须要变革，企业如果要获得更多的附加值，要么向上游端的零件、材料、设备及科研延伸，要么向下游营销端的销售、传播、网络及品牌延伸”。

第二，中国品牌在国际市场难被接受，急需转型升级以顺应市场发展的主流趋势。1995 年，好孩子在推广美国市场时发现，“中国制造是可以接受的，但是中国的品牌是没法接受的。我们好的产品要出售给沃尔玛等渠道商，他们根本不要。当时我们只能研发自己的产品，但是却不得不用别人的品牌”。面临当时的情形，好孩子急需进行产品创新和品牌经营转型以实现全球化布局。

第三，全球并购行动推进产业链重组。好孩子的全球并购行动，率先启动了世界儿童用品行业的资源重组。加拿大的多瑞尔公司跟进并购中国制造企业推波助澜。全球儿童用品行业，品牌、渠道、研发、供应、人才、资本的重组浪潮必将出现，一场争夺行业话语权的博弈在所难免。

面对这样的大背景，好孩子集团公司抢抓机遇、主动担纲，以“用设计，做品牌”的理念，实施 BOOM 战略，转型升级做互联网基因的品牌零售商。从技术研发创新体系，到全球品牌的经营，再到营销渠道商业模式创新，好孩子在全球范围内建立了集研发、制造、销售、营销和服务供应链为一体的全新的全球化本土化经营的垂直整合的产业链。

三、具体做法

面对扁平化、全球化的市场，好孩子集团公司启动 BOOM 战略（见图 1），目标是转型成为互联网基因的品牌零售商，随时随地为消费者提供安全可靠的商品、便利快捷的服务、全程心仪的体验，创建用户生活的社区、会员创业的平台，聚集粉丝群，打造孕婴童生态圈。其中，B 指的是品牌，以 gb、CYBEX 等自主品牌领衔，与合资品牌及全球知名运动、户外品牌在内的战略合作品牌结成品牌联盟。两个 O 是线上、线下销售渠道，在线下发展好孩子专卖店/专柜、mothercare 一站式购物中心、好孩子星站等形式的终端门店，线上通过自营（如好孩子官方商城、天猫旗舰店等）及授权零售店和大型零售商（如京东、亚马逊）为用户提供全网覆盖的购物服务。M 指的是手机端，代表用户。把用户拉到销研产和传播环节，形成各类社区，并从需求倒逼渠道和产品全价值链的优化。

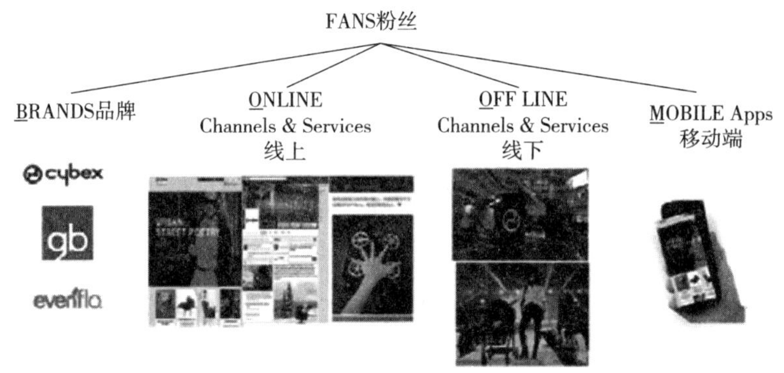

图 1 BOOM 战略

好孩子着眼于 BOOM 战略落地的关键过程——品牌核心竞争力的打造和品牌的传播推广，采取了以下一系列的特色做法：

（一）整合全球化研发体系，技术创新打造核心竞争力

2007 年起，好孩子开始构建全球化研发创新体系，相继在德国拜罗伊特、美国俄亥俄州、奥地利维也纳、捷克布拉格、美国波士顿、日本东京和中国昆山建立了研发中心，形成了“6 + 1”的全球研发创新模式，合理的布局充分考虑了市场属性和地区资源。2014 年，好孩子相继收购德国顶级时尚品牌 CYBEX 和美国百年著名品牌 EVENFLO，并将收购品牌研发中心纳入好孩子创新体系，协同创新、通力合作。

全球创新研发体系汇聚行业精英，拥有超过 450 名专业创意研发和设计工程人员，具有业界顶尖的结构设计水平和工业设计能力。团队拥有多名行业学科带头人和专家型人才，80% 以上拥有 8 年以上的工作经验，专业知识扎实，科研实力强。研发设计人员以市场调查为基础，以专业的科

学技术为依托，融合科技创新、艺术时尚，进行全方位研究开发活动。外部专家团队则负责为技术创新提供研发方向指导、研发咨询和成果鉴定等服务，以保证创新工作的开展。

好孩子建立了以市场成果和原创设计为导向的独特激励机制，根据项目创新指数进行考核奖励，并充分考量项目在市场中的表现，按照创新贡献值进行设计提成，同时辅以股权激励、高校进修、外派考察等，形成“公司搭平台，人人做创客”的良好氛围。

凭借全球创新研发体系的整合与协同创新能力的发挥，好孩子研发创新已成为全球婴幼儿产业创意和技术风向标，成为产业领域技术创新中的领导者。

（二）引领质量安全标准，保障优质产品创新

好孩子致力于婴幼童产品安全标准的研究，是中、美、欧、日标准委员会的重要成员，主导或参与国内外标准制定 186 项。好孩子设立了 ISO/PC 310 儿童乘用车标准委员会秘书处，主掌全球行业话语权。

质量检验设施方面，好孩子投入四千万元巨资建设了中国行业内规模最大、设施最全、最先进的国家级中心实验室。实验中心包括机械物理实验室、汽车安全座椅撞击实验室、化学实验室、毒理研究实验室等，每一款产品的材料、部件都要经过极为苛刻的检验，以确保万无一失。

为了打开国际市场，好孩子产品的达标标准甚至超过素以严苛著称的欧美标准。比如在机械物理实验室对童车车架和推手所做的强度检测，国家标准是 3600 次，欧盟标准是 7200 次，而好孩子童车的标准则是 15000 次。好孩子的中心实验室获得美国 CPSC（美国消费品安全委员会）认可，获 CNAS（中国合格评定国家认可委员会）认证，还是 SGS（瑞士通用公证行）、TüV（德国技术监督协会）官方实验室。可以说，任何品牌的婴童产品，如果能经得住好孩子实验室“考验”，就可以直接出口到欧美市场。

（三）构建中国孕婴童全渠道专业零售服务平台

好孩子致力于品牌经营和通路建设，构建两大生态链：0～4 岁母婴生

态链和4~12岁儿童运动生态链，全力打造以用户关系为依托、以品牌为核心的线上线下全渠道经营、以移动应用APP打通资源的零售服务平台，全方位满足育儿家庭一站式购物需求。

目前，"好孩子中国"经营的品牌超过60个，商品3万余种，涵盖母婴和运动两大领域。线下，好孩子在中国市场推行网格化管理，以省、市、地级市、县级市为单位，与优质经销商、零售商合作，将中国划分成37个分、子公司和2000多个大大小小的销售网格，自营门店超过2100家，加盟店600余家，在协同创造用户优质体验的基础上，共享服务价值。线上，多平台全网营销，电商比重超过25%。2015年推出的APP"妈妈好"作为好孩子用户的服务平台，把货品、订单、支付、配送、会员等资源信息组合在云平台上，与门店、网店、用户服务相对接，创造用户体验、用户口碑和用户黏度。

（四）"粉丝经济+柔性供应链"，实现品牌社会化传播

好孩子致力于与消费者构建紧密联系，把用户拉到销研产和传播环节，形成各类社区，并从需求倒逼渠道和产品全价值链的优化，创建用户生活的社区、会员创业的平台，聚集粉丝群，打造孕婴童生态圈。这种独特的商业模式以柔性供应链为依托，同时借力于网络的互动社交性，促进了品牌与顾客以及顾客之间的交互与沟通，从而推动了品牌的社会化传播。

在好孩子的概念里，粉丝经济是消费者的认可，是口碑。愿意购买，愿意推荐，把一个产品放到网上，会有天南海北的消费者发出订单。这不仅依靠的是品牌影响力，更多的是与消费者建立一种持续互动共生的联系。在美国，好孩子建立了24小时的服务热线，时时为消费者提供咨询服务；在中国，好孩子更是早在2000年就建立了全球最大的华人在线科学育儿网站——"好孩子科学育儿网"，聘请1900多位母婴专家，为消费者在线互动解答育儿难题，成为华人育儿的"金拐棍"。

与此同时，好孩子还在打造"柔性供应链"。面对消费者，好孩子将是个性化产品，比如在婴儿车上印刻孩子的名字，为家长打造专属的婴儿用品。面对供应商，好孩子联合打造专属品牌，在2014年1月29日，好孩子一款自有品牌Urbini上架沃尔玛，这是为沃尔玛超市专属打造的产品

供应链，沃尔玛所有营销平台都将对这个品牌全部开放，配合所有营销活动，由于超强的产品竞争力，Urbini 上市即被抢购，沃尔玛罕见的自掏腰包从中国空运以满足美国用户需求，预计仅美国沃尔玛 Urbini 年底销售额就将达 3500 万美元。

四、实施效果

好孩子 BOOM 战略实施以来，公司在技术创新和产品开发、质量水平、品牌传播等方面均取得了显著的成效。

（一）研发设计频获嘉奖

好孩子创新平台创造专利数累计达 8500 余项，超过竞争对手中前 10 家企业加起来的总数。连续 8 年荣获全球最高奖“红点”设计大奖，先后问鼎中国工业设计奖金奖 2 项、中国专利金奖 1 项，共获得红点设计奖 26 项、iF 奖 1 项、红点至尊奖 3 项、iF 金奖 2 项、吉尼斯世界纪录 1 项。好孩子每年研发新产品 400 余款，如 2014 年极致创新的“口袋车”，仅需 1 秒 2 步即可折叠成仅有随身公文包大小，是唯一可以随身带上飞机舱的婴儿车，彻底解决了带孩子与出门不可兼得的难题。

（二）高、中、低档全覆盖的自主品牌体系

好孩子拥有高、中、低档全覆盖的自主品牌体系（见图 2），包括战略品牌 gb 好孩子、CYBEX、Evenflo、ROLLPLAY，以及战术品牌小龙哈彼、CBX 等，并按照品牌个性和定位分层，建立起了完美互补的品牌金字塔，可满足育儿家庭的全方位需求。

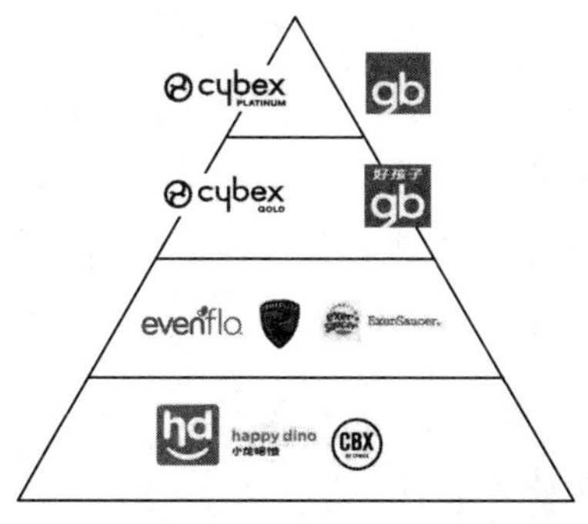

图 2　好孩子的高、中、低档全覆盖的自主品牌体系

五、下一步工作思路

未来市场的竞争，不是一个企业与另一个企业的竞争，而是一个生态链与另一个生态链的竞争。未来产业的王者，属于生态型企业。面向未来，好孩子将在以下七个方面加大投资，创造新的经济动能。

1. 大数据分析

好孩子聘请了世界三大数据公司之一的Social Baker公司的创始人Jan-Rezab作为好孩子国际的执行董事，主持领导构建跨界合作、自主管理的大数据分析应用体系，深度挖掘用户数据，精准把握用户需求和趋势，并通过整合线上到线下的商业模式和移动通信设备，推广品牌，研发智能产品，打造用户生态系统。

2. 智能制造

3年前，好孩子启动了智能制造柔性生产线建设，以提升制造品质和效率，满足用户个性化需求、碎片化订单，项目取得了重大进展。未来还将深化研究，全面改造生产线，逐步对接用户需求系统、供应链管理系统，形成智能、柔性供应链。

3. 高科技产品研发

高科技在婴幼儿产品领域的应用，是好孩子产品发展的重要方向。近几年来，好孩子加大投资，以自主创新为基础，扩大协同合作，不断取得重大突破，未来将进一步加大研发创新投入，引领全球行业的革命，改变世界育儿家庭的生活。

4. 模拟技术应用

成立于2009年的好孩子博士后工作站，致力于模拟技术的应用，卓有成效。例如，有限元分析技术（CAE）的应用将汽车安全座的研发周期缩短了60%。未来好孩子将把3D模拟技术、有限元分析技术广泛应用于研发设计、生产制造、用户体验各个环节，有效提升品质，大幅降低成本。

5. 水平和垂直系统整合

好孩子将按照“中国制造2025”的战略部署，投资建设公司、供应商和客户之间的信息管理系统，使各职能单元成为紧密的整体，利用一条横跨公司的数据网络实现产业价值链的自动化。

6. 绿色生态

好孩子于 2007 年启动的“从摇篮到摇篮”循环经济的研究已取得阶段性成果，今后将继续投资、深化研究，争取在 2020 年推出系列产品，形成绿色生态产业链，引领世界行业方向。

7. 标准和检测

好孩子将在原有领先优势的基础上加大投入，研发前瞻性的技术标准，增强检测实验能力，在儿童用品各领域成为世界标准的引领者。

好孩子的目标是做全球产业生态圈的组织者，为此，将打造一个集人才生态、组织生态、客户生态、文化生态为一体的，能实现自我进化的有机系统，闭环式服务于用户，开放式服务于社会，广泛吸纳资源要素，让生态链的参与者共创共赢共享，形成互生共生再生的生态圈。一是建设生态“根据地”，以产业为本，以高科技、互联网引领，构筑三大平台：内容平台——聚焦品牌和产品；产业平台——形成自成一体的零售分销、研发、制造、服务平台；孵化平台——数据、资本、组织、管理要素平台。二是合纵连横，衍生扩张产业链，开放整合外部资源，形成新的组织形态，新的平台生态。三是自我更新，持续进化、生生不息，不断跟随市场环境，捕捉新兴元素，构建新的动能，衍生新的生态。

专家点评

技术创新与产品开发、品牌传播是品牌管理中的两大关键过程，这两个过程的具体实施与组合直接影响着企业品牌的影响力与品牌的价值。

当市场环境发生剧烈变化，后金融危机时期来临，好孩子作为传统儿童用品制造企业，积极应对挑战，实施 BOOM 战略，聚焦产品开发与品牌传播，实现了从传统产品经营模式到品牌零售模式的转型。一方面，好孩子针对目标顾客的潜在需求，构建与更新研发创新体系，加强婴幼童产品安全标准的研究，开发更加符合市场需求、更加安全环保的创新产品，提高产品的知识产权含量、功能效用，保证产品的质量水平与品牌价值。另一方面，好孩子构建中国孕婴童全渠道专业零售服务平台，全方位满足育儿家庭一站式购物需求，推出“粉丝营销”模式，打造母婴生态链和儿童运动生态链，形成强烈的品牌认同与口碑传播效应，推动品牌的社会化传播。通过研发与市场双向发力，促成了BOOM战略的落地，实现了从制造商到品牌商成功转型并突破国际市场完成全球化布局的飞跃。

体系篇

品牌培育是系统化的管理活动。企业需要在设计、开发、制造、营销和服务全流程，策划和开展品牌培育活动，通过建立完善品牌培育管理体系，使这些活动协调有序运行，实现企业品牌培育目标。

企业固有一个品牌培育管理体系，蕴含在企业总的管理体系之中。系统化品牌培育的重点在于遵循品牌培育的科学规律，对固有的品牌管理体系进行优化和完善，使企业品牌培育的效率更高，更有可持续性。

本篇的五个经验案例围绕企业如何建立完善品牌培育管理体系、策划品牌培育活动、管理品牌培育过程、以及持续改进品牌培育绩效等视角，展现企业推进实施系统化品牌培育的做法和成效。

产品卓越与用户亲密双驱动的品牌培育

——天士力控股集团有限公司

在天士力20余年的发展历程中，天士力的品牌培育之路就是一条以质立品之路，对外，以“中药现代化、国际化第一品牌”所蕴含的高标准高质量来为产品的推广做品牌背书，在广大消费者心目中形成了“天士力就是高品质象征”的品牌联想；对内，构建以质量为核心要素的价值体系、以质量为核心内涵的文化体系、以质量为核心诉求的传播内容体系，为提高市场占有率，提升企业利润提供了强大而持续的品牌动力。

如今，为顺应新的市场、消费、媒介等竞争环境的变化，适应天士力从单纯的医药产品经营拓展为大健康产品经营的发展需要，天士力开始“产品卓越+用户亲密”双轮驱动的品牌培育新模式，全面推进品牌的系统性培育，在卓越产品的基础上，制定品牌战略规划、升级品牌形象识别体系、深化自媒体传播平台、优化整合营销体系，补足用户亲密短板，打造基于用户的品牌核心价值，推动天士力品牌资产保值增值。

一、企业概况

天士力控股集团（以下简称“天士力”）创建于1994年，秉承“追求天人合一，提高生命质量”的企业理念，以“创造健康，人人共享”为使命，构建起以大健康产业为主线，以大生物医药产业为核心的，包括大医药体系、国际体系、保健与健管体系、教育体系、资本体系为核心的天士力大健康产业新格局。

天士力在市场营销上始终坚持创新整合品牌营销，全面推进“大产品、大终端、大市场、全覆盖、大品牌”的云营销战略，建立精准营销学术模式，打造了以现代中药复方丹参滴丸、养血清脑、蒂清、水林佳、荆花胃康胶丸等产品为代表的第一品牌集群，实现了对6500家商业、19000家医院、

68000家药店、67000万家基层医疗机构的可视化、精细化管理。

二、案例背景

1. 医药营销变革正在深化

目前，医药行业正在经历着“产品结构、技术结构、组织结构、区域结构、出口结构”五大方面的结构调整，产业容量进一步放大，行业资源走向集中，这让医药企业“做大、做强”成为可能。其次，医改、基药、招标、物价、保险等力量正在改变着中国市场格局，药物的有效性、安全性、经济性、一致性等品质价值将被高度关注，中国医药市场将走向法制、规范、有序、品质的竞争发展趋势，为医药大品牌培育创造了黄金机遇期。再次，药品的多次降价、医药采购和销售的回扣专项整治、禁止一药多名、假劣药事件的高压处理等等，都使得企业产品市场力和渠道力下降，倒逼以品牌价值直接影响患者的品牌营销成为未来最有力的营销方式。

2. 以用户为中心的市场竞争渐成主流

经济的发展使得市场越来越向消费者倾斜：商品多样化，让消费者拥有更多的选择权；信息互联化，让消费者拥有更多的知情权；平台多元化，让消费者拥有更多的评判权；媒介社交化，让消费者拥有更多的话语权。在这样的大背景下，单纯的产品卓越已经无法撬动消费者的产品选择，在对产品的功效性、安全性满意的基础上，还要让消费者对品牌价值、形象和体验产生喜欢，用户关系已经成为企业市场竞争的核心资源。只有培育出吸引消费者的核心品牌价值，才能让企业在市场竞争中有一席之地。

天士力作为传统制造型企业，和大多数同类企业一样，也面临着品牌发展缺乏前瞻性、整体性、系统性科学规划的问题，缺乏系统的品牌培育模式，现有管理流程也存在一些问题：市场竞争意识依然停留在产品层面，缺乏消费者主体意识，消费者资源转化不足；对新型传播营销工具及技术的掌握与运用水平较低；品牌管理多元，职能部门的功能定位不清晰，岗位设置不合理，专业人才不足，内部资源无法有效整合等。对此，为了应对品牌经济的需要，实现品牌的系统性培育，天士力探索构建“产品卓越+用户亲密”双轮驱动的品牌培育体系。

三、具体做法

为顺应新的市场、消费、媒介等环境的变化，适应天士力从单纯的医药产品经营拓展为大健康产品经营的发展需要，天士力结合工业企业品牌培育试点工作，制定品牌战略规划，全面梳理品牌管理流程，探索构建覆盖全生命周期、全公司范围的、系统的品牌培育体系，查漏补缺，以塑造品牌形象体系、深化自媒体传播、优化品牌营销体系为突破口，加深与用户的密切联系，推动天士力品牌升级。

（一）建立品牌规划流程

天士力对品牌规划流程进行了系统性的思考，明确了品牌规划的指导方针和工作目标，并在此基础上制定了“十三五”品牌战略规划：

品牌规划指导方针。品牌规划具有先导性、权威性和指导性；要以生产+市场双要素导向确定品牌发展方向；要以“产品卓越+客户亲密”双轮驱动来设计品牌发展路径。

品牌规划工作目标。建立集团品牌总体规划管理机制，新品类拓展或新产品研发前品牌规划机制，新品类、新产品品牌架构设计审核机制，投后品牌规划及管理机制。

“十三五”品牌规划目标。打造大健康品牌生态圈。

“十三五”品牌规划路径。研发符合生产要素+市场要素双重评价标准的大健康产品；构建科学、合理的品牌架构；制定清晰、精准的品牌内涵；打造独特、系统的品牌形象；搭建多媒融合、多方互动的品牌传播平台；建立全员营销体系，不断优化产品与服务体验，形成品牌美誉度、忠诚度和市场溢价，最终构筑天士力品牌资产。

（二）完善品牌管理体系

天士力着力构建内外部品牌管理体系，逐步实现母品牌统一、规范、系统的专业化管理，让品牌培育和使用做到有章可循，有规可矩，最大化地整合、提升品牌集约力、联动力。

1. 内部品牌管理体系

品牌组织机制。设立大健康产品营销及品牌管理委员会，负责天士力品牌发展战略、规划、重大决策管理；天士力控股集团品牌中心负责天士力母品牌日常管理、子品牌管理督导；各实体公司市场部品牌专员负责子公司日常品牌管理。

品牌规划管理。切实贯彻“以品牌规划指导市场活动”的指导思想，建立新品类拓展或新产品研发前的品牌规划机制，明确品牌规划在战略导向和价值定位上的作用。

品牌架构管理。构建科学、清晰的品牌架构体系；制定《天士力品牌架构规划管理规定》，进一步完善《商标注册管理规定》，对新品类、新产品与各级品牌之间关系的规划设计，必须上报审核。

品牌形象管理。督导对《天士力品牌形象识别使用规范》的贯彻执行，对子品牌使用母品牌形象识别符号进行培训、指导、监管，及时纠正不规范、不正确的使用现象。

品牌内容管理。建立内容审核与使用责任制度、内容交付制度、内容更新与维护制度，设置内容使用管理权限，实现品牌内容资源的集中化、管理的规范化、效用的整合化、口径的统一化、风险的可控化。

品牌培训管理。构建包括集团高管入职、新任总经理及后备人才、市场一线总经理/经理、新员工入职培训、外部企业观摩和学习、内刊宣教的六级品牌培训体系。

2. 外部品牌管理体系

品牌传播管理。建立、完善《天士力微信矩阵管理规定》《天士力控股集团网络新闻发布管理规程》等有关规章，制定母品牌、子品牌内容审核、发布分级管理制度，理清关系、明确职责，强化互动、联动。

品牌危机管理。制定《天士力品牌危机管理规定》，建立“信息采集、舆情分析、危机预警、危机处理、品牌修复、体系完善”的品牌危机管理系统，实现品牌危机管理的系统化、平台化、规范化，从单纯的危机处理向危机管理升级。

品牌评估管理。建立内外部相结合的品牌价值评价体系，确定科学、规范、指向清晰的评价维度和指标。

品牌导入管理。建立投后品牌规划体系和被收购品牌评估机制、投后品牌管理机制，开展母品牌导入教育与培训。

（三）以母品牌核心价值为核心塑造品牌形象

天士力从最初一家制药企业发展到今天的以五大产业体系为核心的大健康企业，企业战略的转变势必会带来品牌形象的转变。如何适应新的市场环境和媒介环境的变化，如何满足天士力品牌形象的升级，这是摆在品牌形象设计部门面前的崭新课题。

在实施过程中，天士力确立了品牌设计工作的总方针：以天士力大健康品牌规划为指导纲要，以大众消费者的心理需求为创意根基，以品牌形象沟通管理系统为执行原则，通过品牌设计定制化、品牌识别个性化、品牌传播网络化、品牌体验多元化的品牌视觉识别设计，打造天士力品牌国际化、简洁化、动态化、立体化、创新化的形象识别体系。

天士力针对各个品牌层级分别确定设计定位。大健康品牌整体形象系统定位为整合、规范、精炼；子品牌产品品牌形象系统定位为创新、独特、共鸣；其他关联产业品牌形象系统定位为标准、统一、关联。与此同时，在创作理念上则必须坚持高度统一。天士力明确了“聚合·磅礴”的理念，以凸显大健康产业链的集群优势，弘扬大健康产业领航品牌的价值魅力。

（四）深化自媒体传播

随着媒介环境的深刻变化，品牌营销已经从以广告为主的信息传播转向以品牌内容为主的内容传播。在此背景下，企业自媒体开始更多地承担起品牌内容传播的重任，天士力在自媒体传播方面做了以下探索：

1. 系统性提升内容创造能力

一是强化主动开发。改变以往新闻收发的“传达室”“二传手”的被动方式，要“走出去”主动深入一线，去发现内容、搜集内容、组织内容、创造内容。二是强化内容整合与质量。实现内容之间的流动性和累加性，对重要的内容进行专题化辑合。从各方面提升文章的可读性、针对性和实效性，建立“新闻－专题－信息库”的内容链，为其提供品牌内容系统性支持。

2. 规范自媒体专业化管理

一是对网络新闻发布管理相关规定进行了体系化修订，有效地提升采集效率、简化发布流程、提升发布速度；二是调节集团通讯员结构与新闻传播机制，对集团旗下微信矩阵进行规范化管理；三是逐步建立和完善官网、官微内容发布的管理规范，提升对集团新闻发布的管控力，降低品牌危机风险。

3. 升级自媒体的传播功能

一是完善内容发布及平台运营管理体系，提升内容推送的整合性和效果的叠加性。二是对自媒体进行传播职责细分，即集团官网、微博负责权威信息发布，体现品牌内容的全面性、权威性；集团微信则是品牌内容的快速发布平台，消费者沟通的互动平台，发挥其“短平快”的传播优势。三是加强受众流量的利用，在子品牌和产品品牌之间建立网络入口和路径，实现对流量的引导和疏散，以提高流量的营销价值。注意搜集、整理、分析受众的浏览数据，为市场营销提供参鉴。

（五）优化品牌营销体系

1. 制定有针对性的品牌营销路径与策略

天士力为不同发展时期的产品制定了完整的品牌营销路径与策略。对于处于市场导入期的产品品牌，主要以品牌推广 + 产品促销为主。对于处于市场成长期的产品品牌，以产品促销 + 品牌体验为核心。对于处于市场成熟期的产品品牌，以品牌体验 + 价值交换为核心。对于处于市场溢价期的产品品牌，则需要品牌价值 + 品牌文化的双重影响。

2. 构建全员品牌营销体系

天士力探索构建全员品牌营销体系，全面提升用户意识，放弃长期以来以我为主，以产品为中心的营销思维，将用户与企业视为品牌的共同主体，让品牌具有用户、企业的双重基因。让用户成为品牌的共同发起者、创造者和受益者。产品研发、生产、营销，服务乃至管理都要围绕着用户展开，基于对用户需求的了解和把握，通过卓越的产品和优质的服务，为用户更好地解决问题，消除痛点，让用户从中获得收益，创造用户价值。

在研发与生产上，以市场空白与用户需求痛点为核心，不断提升产品的战略适合度、需求适配度、市场适应度、体验适宜度。在营销上，从单纯注重产品销售向关注产品体验转变，以提升消费者美誉度、忠诚度为目的，不断优化消费者在产品应用和服务上的身心体验。在客服上，从售后服务向全程关怀转变，从被动服务向主动关怀转变，从产品服务向需求服务转变，从单客服务向社群服务转变，关注流程，重视体验，构建卓越的用户响应机制。在管理上，构建开放的、去企业中心化的、多元参与的品牌生态圈及用户资源管理与应用平台，让用户全面、全程参与到品牌系统性培育中来。

四、实施成果

目前，天士力系统化品牌培育已步入正轨，显现出一些阶段性的效果。以品牌传播为例，初步实现品牌传播由大众媒体向自媒体转型。2015 年荣获全国中医药新媒体联盟、中国中医药报社颁布的“全国中医药企业微信 10 强”称号。光明网舆情监控中心发布的《2016 年度医药行业发展报告》显示：天士力大健康官方微博在 2016 年口碑榜排名中，粉丝数跃居第一位，全年阅读总量同比增加 21%；天士力大健康微信公众号发布的信息阅读量同比增长 16%；活跃粉丝数位居医药行业第9 位；在百家主要药企中，从关注度和口碑值两个维度进行年度数据统计，天士力位列第 8 位；在通过对网上涉相关药企言论进行情感属性判定，将正面及中性信息占比加权计算后，得出的本年度健康度排名中，天士力高居榜首。

五、下一步工作思路

在未来的品牌系统性培育中，天士力将以品牌发展整体规划为指导，以品牌系统性建设为路径，积极探索，大胆创新，进一步构建“产品卓越 + 用户亲密”双轮驱动的品牌培育新模式，基于品牌系统性培育的长期性、定位的连续性、认识的一致性、管理的系统性、执行的规范性、参与的广泛性六大特征，全面推进品牌的系统性培育。

一是完善天士力品牌架构，实现品牌价值提升与品牌价值延伸；二是系统构建天士力品牌价值体系，包括品牌理念内涵识别体系、品牌形象识别体系、品牌行为识别体系和品牌环境识别体系；三是精准品牌差异化定位，打造有价值、有内容、有故事的独特品牌文化；四是构建大健康品牌整合传播互动平台，实现主流媒体、社交媒体、网络媒体、自媒体传播融合与互动，与消费者共建品牌。最终不断完善和深化科学的品牌战略规划体系、独特的品牌文化内涵体系、清晰的品牌形象识别体系、精准的品牌形象传播体系、高效的品牌整合营销体系和品牌评估及风险控制体系，为天士力品牌培育的崭新时代奠定了坚实的基础。

专家点评

药品关乎我们的身体健康，消费者选择药品时，品质和品牌成为优先考虑的因素。对于医药企业而言，品质保障和品牌培育是企业的生存之道。天士力作为中药企业，顺应营销时代的潮流，抓准了媒介环境的变化，在品牌培育过程中提出了“产品卓越＋用户亲密”的双轮驱动模式，紧紧抓住了消费者的需求和心理，找到了医药企业品牌培育的最佳路径。天士力在保证自身质量的前提下，建立了对内对外的品牌管理体系，并以顾客为核心实施了形象升级、自媒深化、全员营销等一系列营销行动，努力营造“用户亲密”氛围，取得积极成果。

匠心质造　精艺创新

——依波精品（深圳）有限公司

依波是专业设计、制造和营销精品手表的集团化企业，一直高度重视品牌在钟表企业发展中的重要作用，认为品牌是钟表企业的核心竞争力，只有持续创新与发展，实现品牌价值增值，才能形成企业持久的竞争力。

近年来，依波也面临了中国经济新常态所带来的巨大考验。一方面，市场竞争更加激烈，另一方面，消费与传播环境也发生了深刻变化。在这样的宏观背景下，如何结合公司发展战略，赢得市场竞争，实现品牌增值，是依波近几年在不断思考并全力解决的问题。结合自身近30年的企业经营与品牌管理经验，依波认为，不论宏观经济环境、行业竞争以及消费状态如何变化，对依波而言，唯有坚持既定的品牌战略，以客户为中心，以市场为导向，与时俱进，不断创新，在全寿命周期全价值链实施品牌增值，方能持续赢得竞争。

依波以推动实施精品战略为核心，以提升顾客体验感受为动力，以企业品牌文化为后盾，以基于品牌定位的技术创新为手段，全面提升自身的品牌形象和综合竞争力，为从民族腕表品牌向国际知名腕表品牌的发展之路夯实稳固之基。

一、企业概况

依波精品（深圳）有限公司（以下简称“依波”）1991年始创于中国深圳，是香港上市公司冠城钟表珠宝集团有限公司旗下集研发、设计、制作、销售于一体的精品手表集团化企业。拥有“依波（EBOHR）”，女装珠宝手表“卡纳（KANA）”，男装复杂机械手表“宇飞”等多个腕表品牌。

公司属国家级高新技术企业，旗下拥有深圳市帕玛精品制造有限公司和深圳市依波精品在线电子商务有限公司，为全资子公司。总公司下设企业技术中心、工业设计中心、精密制造中心、物流保障中心、品牌营销中心、市场销售中心、国际业务中心和行政管理中心等八大营运中心，下辖32个覆盖中国大陆的全资分支机构，3200多个销售终端和设立于省会城市的50多个售后服务点。

经过多年的发展，依波逐渐成为中国钟表行业领先品牌，截至2017年，依波已14次荣登“中国最具价值品牌500强”排行榜，品牌价值增至90.58亿元。

依波始终坚持“做精品”的理念，以“传承精品文化，打造精品腕表，推崇精致生活”为己任，将人文情感和专业技艺注入腕表制作的整个流程，源源不断地为每一位顾客奉献品质卓越、值得信赖和珍藏的腕表作品，让时间在腕间温柔流转，让精致生活散发优雅光芒。

二、案例背景

腕表不同于一般的消费品，它具有四大特征：一是文化特征很突出；二是历史传承性很典型；三是经典技术与科技性的完美结合；四是功能上的趣味性和时尚性。作为精密加工的产业，腕表的这些特征，使其品牌价值的重要性变得尤为突显。

经过这么多年的快速发展，我国钟表行业已由引进、模仿、创新，发展到如今有了较强的自我品牌意识，并建立了较完整的生产制造体系和营销网络。目前我国已成为世界钟表行业生产大国，钟表产量位居世界前列，具有明显的成本优势；产品品种也呈现出标准化和系列化，拥有较大的市场空间。但在整体产业上仍与钟表强国有着一定的差距，主要体现在人文积淀、核心零部件和品牌塑造能力上。

随着近年来新型产业形态对钟表行业的积极影响，以及“供给侧结构升级”的提出，腕表行业的发展面临新的契机。与此同时，消费者生活水平和审美水平不断提高，对于腕表的要求越来越高，90后乃至00后正逐步成为消费市场的主体，他们更加重视对个性化、时尚化的追求。未来的腕表行业将进入一个竞争更加激烈的时代，适者生存、优胜劣汰将成为常态。

如何在当下“文化+”“互联网+”等产业融合的大背景下，以顾客为导向，顺应市场变化，以多元化的发展来满足当今消费者的需求，成为依波思考的重要问题。依波将优化品牌管理流程，以提升品牌价值作为迎接挑战的切入点，构建全员、全流程、系统化的品牌培育管理体系，将“精品”品牌文化融入公司每一环节，为消费者提供超越期待的产品和服务。

三、具体做法

自 1991 年诞生以来，依波先后成功实施了基建战略、品牌战略、超越战略、纵横战略，并于 2012 年迈入精品战略阶段，确定了“传承精品文化、打造精品腕表、推崇精致生活”的企业使命，“依靠杰出创新、诚信团队、可靠产品，铸就恒久品牌”的企业愿景。在坚定不移实施精品战略的同时，依波结合工信部推出的《品牌培育管理体系实施指南》全面梳理并建立适合公司发展的品牌培育管理体系，将设计、采购、生产、质检、销售与服务全寿命过程纳入到精品战略的品牌增值环节，藉此明确品牌增值点的设计与控制方向，在公司上下统一了“坚持精品理念，提升专业造诣，推行精艺标准，创新营销方式”的全面品牌提升之路，并通过系统的管理与创新，实现依波品牌全方位增值。

（一）基于差异化规划产品架构，设计研发注重增值点创意

设计是产品的灵魂，设计水平直接表征着品牌的定位与形象。依波适时调整产品开发策略与流程，制定清晰的产品开发策略，形成体系的差异化系列产品设计风格。

设计研发中心与瑞士专业设计公司合作，协力进行系列产品创意设计、系列规划、款型开发和精饰定义等，从创意源头进行产品增值点的设计与提炼，遵循“一般功能，特殊表现；简单功能，复杂表现；复杂功能，创新表现；常规功能，反常规表现”的设计原则，在创意源头导入增值点，从根本上保障产品风格的差异化。

设计前期，公司营销策划团队便已参与到增值点的探寻之中，分析当前消费者热衷的时尚需求、概念元素和文化价值观念，把能够吸引消费者关注的热点事件、社会风潮与公司品牌诉求、产品设计初衷有机结合起来，分析产品独特的卖点。

设计中期，依波的产品策略委员会对腕表的外观、结构、材质、工艺

进行反复的推敲与考量，以确保每一只腕表无论从走时精度、材质运用，还是佩戴的舒适美观上都能精益求精。依波的产品策略委员会不仅包含设计研发团队、销售、营销人员，还会邀请公司员工参与，公司总经理也亲自参加，依靠团队智慧来为每一款新品的出炉建言献策。

设计后期，为充分保障产品研发这一品牌关键增值点的有效性，依波还增设了产品体验与调研的环节，直接了解客户的使用反馈，并根据搜集到的信息进行适时调整与改进，以求每一款腕表都能赢得用户的认同与喜爱。

（二）匠心精密加工制造，严苛的全流程品质监控

为了保证每一块腕表的优秀品质，依波将严苛的品质监控体系渗透到设计研发、零部件采购、生产装配、成品入库的每一个环节。

1. 强化技术创新，从源头提升产品品质

公司高度重视技术创新与研发，每年用于技术创新研发的资金达2000万元以上。与深圳大学、南方科技大学等高校建立长期稳定的产学研合作机制，以学助研、以学助产。2015年初，依波正式成立中心实验室，组建了一支高精尖的科技人才队伍，并斥资引进国际一流高端研发检测设备，为合理规范地开展各专项领域的基础研发提供了完善的实验硬件条件，从技术的源头上为依波精艺品质保驾护航。公司在手表材料表面改性技术、贵金属熔炼和防腐方面均进行了丰富的研究，已有相关产品投入市场，并取得了良好的市场反馈，提升了产品的附加值。

2. 高标准零部件采购

依波对于品质的追求体现在对每一个细节的极致较真，在采购环节中：表盘，要采用更高级别的进口黄铜，底纹的油压也要达到更为清晰立体的深度；表针，则要一支一支冲压形成，做到批量生产所无法具备的统一规格，再以最硬的钻石刀头，最精细的批花工艺，让每一根表针呈现能达到的最完美状态；即使是表面的电镀，也采用了行业少有、成本更高的硒钴电镀，结合依波独创的纳米硬膜，做到了完美抵抗来自外部各种环境的侵蚀。

3. 生产装配“精密再精密”，品质控制“严格更严格”

依波有全流程的品质控制与严苛的生产装配标准，对每一款产品制定

作业指导书，建立内部培训系统，打造优秀实干的工匠型团队。除了专业的技能培训，依波还会定期举办生产技能大赛，通过比赛激励与楷模表彰，推进整体生产装配队伍的技能提升。生产团队与众多的材料供应商保持密切联系，以时刻把控依波腕表所用材料的物化特性与加工难度。质控部员工要求有 5 年以上同行业工作经验，并匹配有严谨专业的来料检验、工程试装流程。模拟环境实验室，对全部产品进行严酷环境下的仿真佩戴测试，确保每一只腕表零隐患。贯穿于整个生产流程的精艺理念，已经成为依波的一种企业文化，指引着依波在精品之路上不断精益求精。（见图 1、图 2）

图 1　依波无尘车间

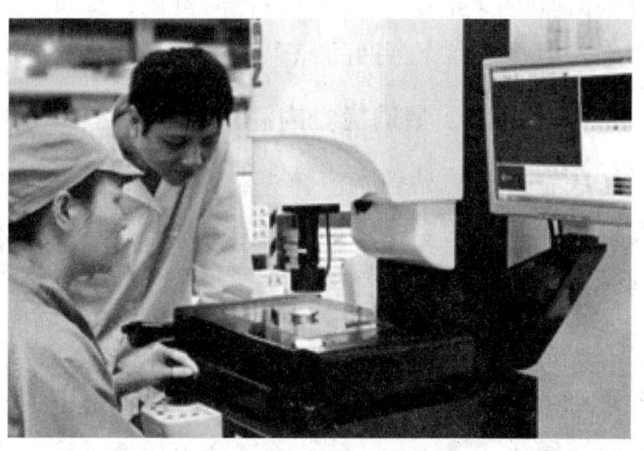

图 2　产品检测

（三）加强信息化建设，提升运营效率和顾客体验

依波十分重视利用信息化提升企业的运营效率与管理水平。早在网络还未普及之时，依波就通过电话上网，实现了总部与各分公司之间的数据及时互通；而后，依波又逐步实现了销售管理、财务管理、设计研发、生产采购等业务流程的全面信息化管理，让企业各项业务流程清晰高效，管理效率和管理水平不断提升。2016 年 8 月，依波通过了国家工信部两化融合管理体系贯标，成为钟表行业第一家率先通过两化融合管理体系贯标的企业。

为进一步提升终端整体运营的有效监控，增强顾客体验，依波推出了“一表一码”的腕表身份识别系统，实现了依波全部腕表产品的生命周期管理，让每一款腕表在生产、库存、物流、销售、售后服务的每一个环节都清晰可见，极大方便了全国各终端店铺的查货、调货、库存管理等一系列工作的开展，显著提升内部运营效率和顾客服务水平。同时，依波还自主开发了终端巡店管理系统，有效解决了总部对于各分公司终端实际运营状况的远程监督与管理，有利于分部及时发现终端的问题，及时改进，对于提升整体竞争力具有重要意义。

2017 年，依波 CRM 会员管理系统全面运行，实现了销售、服务、营销的有机整合。会员制为数据库营销提供了良好的基础，通过对会员数据库的分析，依波品牌可以更有效地把握消费者消费行为的总体特点和变化。利用会员数据库可以对会员进行个性化的营销，提供更多品牌增值服务，培养品牌忠实消费顾客，帮助品牌建立长期稳定的消费市场。

（四）创新品牌推广，塑造优雅内涵

依波立足打造立体式的品牌推广体系，在推广内容上要求定位精准、主题突出，推广形式上追求多样化、深度化，推广渠道上寻求高端化、专业化，给品牌注入了新的活力与内涵。

1. 抢占高点，巩固品牌专业形象

依波精益求精、不断超越的企业精神，与“更高、更快、更强”的体育精神不谋而合，因此，多年来，依波不遗余力持续关注并支持着中国体育事业的发展。依波鼎力赞助 CBA 联赛，并为冠军队成员量身定制依波自

主研发的象征 CBA 最高荣誉的冠军金钻表；依波与央视体育频道建立长久的合作关系，“实时关注中国体育进程”：中国男子篮球联赛、中国足球超级联赛、澳大利亚网球公开赛等高水平赛事，都有依波的鼎力支持。为进一步树立依波高端、专业、权威的形象，依波还与 CCTV－2 黄金时间段《经济与法》栏目达成年度合作。(见图 3)

图 3　依波塑造专业形象

2. 在行业内首开艺术跨界营销先河

依波充分考虑社会需求与审美趋于多元化的形势，以更大的想象力和魄力去发挥创意，涉足音乐会等艺术赞助，让艺术跨界，让粉丝融通，为消费者带来了更多不同的选择和体验。依波先后与女子十二乐坊、魏松、零点乐队等著名艺术团体、艺术家合作，在深圳、南京、沈阳、大连、厦门、长沙、郑州、太原、重庆、呼和浩特等多个城市开展了“依波艺术时光”的专场音乐会巡回演出，以高雅艺术彰显品牌优雅形象，赢得了行业和消费者广泛好评。

3. 借势互联网与自媒体进行传播

结合当下消费者碎片化、娱乐化、互动化的消费与媒体特征，依波紧抓社会热点事件，策划了一系列的话题与互动活动：“时间去哪儿了”圣诞互动，“双十一”全明星趴，“你戴谁旅行”国庆互动，“点亮祝福，星耀依波”25 周年互动等等，以小的投入，引发终端消费者的广泛参与和传播，并成功助力终端的市场销售，取得四两拨千斤的传播效果，很好地展现了依波与时俱进、不断创新的品牌精神。

4. 借助全国设计师大会提升专业腕表设计形象

2016 年和 2017 年，依波与深圳市设计联合会共同承办全国设计师大会。在这个全国性的设计交流平台上，依波通过独具特色的情景腕表秀、品牌秀等方式，展现了依波独特的行业特征、产品魅力与品牌精髓。

2016 年的情景腕表秀，展示了依波不同特征的精艺腕表在不同生活、工作场景的搭配与特色。2017 年主题为“我，精艺时光的雕琢者”的品牌互动秀，从依波的诞生、匠心追求、成绩展示、责任初心、未来展望五个章节，融合朗诵、乐器独奏、舞蹈、视频互动秀，展示了依波一路走来，对腕表设计的推陈出新，对腕表品质的精益求精，对工匠精神的初心不改。

5. 打造专业的销售团队

依波调查数据显示，68% 的顾客购买决策是在卖场通过竞品间比较后而产生，因此，除媒介宣传外，公司非常重视对一线销售团队的培训，建立了一套完善的培训机制，采用总部集中培训、区域集中培训、分公司日常培训、市场经理现场培训、远程视频培训、制作光碟、PPT 培训相结合的方式，将产品增值点作为重点培训内容，提升专销员专业性。

四、实施效果

通过基于市场和品牌定位的研发设计流程，依波近年来推出的一系列新款腕表都得到了国内外专业机构的认可与广大市场的好评，并屡次斩获蓝光杯、红点奖等设计大奖，还获得了众多专利认证，巩固了依波腕表的技术领先地位。

通过将严苛的品质监控体系渗透到设计研发、零部件采购、生产装配、成品入库的每一个环节，保证了顾客所购买到的每一块依波腕表都是质量优良的精品。通过进一步完善销售服务流程，规范服务标准化，提高专销员的职业化服务水平，以及利用信息化手段提升销售管控能力和售后服务管理，想顾客之所想，更使得依波的品牌美誉度和消费者忠诚度都连年拔升。

通过品牌推广模式的不断拓展与创新，依波品牌的时尚优雅形象大幅跃升，并注入了新的活力与内涵。依波精艺优雅的品牌气质，已在国表行业里深入人心，成为了行业公认的国表四大品牌之一。

五、下一步工作思路

新时代、新趋势，中国消费者正逐渐趋向于个性化、多元化与时尚化的消费主张。不同性别、不同职业、不同年龄阶段、不同地域的腕表消费观念差异都较大，而且品质人群对品质消费的诉求也越来越高。

面对主力消费人群的这些特征变化，依波认为：一是要充分重视市场，洞悉消费者的内心真实诉求，挖掘创新服务模式，继续发扬依波的“精品”优势，以优质的设计和产品满足消费者的需求，甚至引领新的时尚消费潮流。二是要持续优化顾客体验，从渠道建设、终端形象、服务流程、服务水平等多方面，给顾客更方便、更及时、更优质的服务体验，并争取做到针对不同顾客开展个性化服务与关怀。三是在技术创新方面开展更广泛、更深入、更系统的工作，通过国家级实验室的建设与打造、无人车间智能制造、校企合作等，全方位深化依波的技术研发体系，增强自身的研发实力与创新能力。

专家点评

伴随着中国经济社会的发展，消费升级已经成为中国市场演变的大趋势。在这种趋势之下，对于固步自封的企业，感受到的是自身发展的种种不适应和困境，而对于积极进取的企业，则是一个战略性的发展机会。依波作为一家有20余年历史的国产腕表品牌，面临挑战，结合导入品牌培育项目的契机，坚定不移地实施精品战略，藉此全面梳理并建立了适合公司发展的品牌培育管理体系，实现了依波品牌全方位增值。

任何战略的坚持，都需要系统化的组织运营体系为保障。依波将品牌培育体系融入企业运营的关键过程，在设计、采购、生产、质检、销售与服务全周期发掘和梳理品牌增值环节，并通过积极有效的创新和管理，确保品牌价值的提升。依波品牌发展的案例，对于国内消费品企业在市场转型升级大环境下，明确品牌发展战略、持续推进品牌培育体系，具有很好的示范意义。

实施“价值+超越”品牌培育模式　践行“三个转变”

——中铁工程装备集团有限公司

中国中铁工程装备集团有限公司是中国掘进机产业的开拓者和领先者，在我国盾构行业起步较早、发展最快、实力最强、拥有核心技术和自主知识产权最多、市场占有率最高。自2009年建企伊始，便走上了独立自主的民族品牌发展之路。2014年5月10日，习近平总书记视察中铁装备时，提出了“推动中国制造向中国创造转变，推动中国速度向中国质量转变，推动中国产品向中国品牌转变”的重要指示。中铁装备按照“三个转变”的指示精神，进一步完善了“价值+超越”（V·S）品牌培育模式，从中国创造、中国质量、中国品牌入手，全面构建中铁装备品牌价值体系，以高端定制、卓越品质、智能服务循环促动为支撑，与国际顶尖品牌全面对标，勇于跨越，追求卓越，实现产品价值、客户价值、员工价值、供应商价值和社会价值的有机统一，在地下工程掘进装备和服务领域塑造世界品牌形象。

一、企业概况

中国中铁工程装备集团有限公司（以下简称“中铁装备”）是全球最大承包商中国中铁下属子公司，是专业从事隧道掘进机研发制造和综合服务的科技创新型企业。

中铁装备以打造国际领先的地下工程（装备）服务商为己任，经过多年的发展，现已成为集隧道掘进机、隧道机械化专用设备、地下空间、钢结构四大产业门类为一身的综合性工程装备制造集团。在业内始终保持了“最懂施工的装备制造商”和“最会制造的综合服务商”这一核心竞争力。产品广泛应用于国内外50多个城市，远销马来西亚、新加坡、印度、黎巴嫩、以色列、越南等多个国家。

二、案例背景

21世纪，人类进入地下空间大开发的时代。掘进机是“入地”的高智能化重大装备，集机、电、液、光、信息化技术为一体，成为地下空间开发的尖端利器，其重要性可与“上天”的神舟、“下海”的蛟龙相媲美。在西方，掘进机的制造与运用已有近两百年的历史，而在中国，直到20世纪末才开始大规模从国外进口掘进机用于国内工程建设。由于其技术难度高，制造工艺复杂，国内市场长期被德、法、日等少数发达国家品牌所垄断。

中国中铁股份有限公司作为国内最早、最大的进口掘进机采购商与使用者，自20世纪90年代就开始采用进口掘进机施工，通过掘进机快速安全的施工技术应用，推动了国内建筑施工技术水平的提升，也促进了企业的快速发展。但在应用这些进口设备的过程中，也让其深感“外援”之痛、深受“外援”之苦，进口设备不仅价格昂贵，且在掘进机施工中，设备的维保、配件供应和掘进技术难题的解决都依赖于外方专家，工程施工的主动权始终难以掌握在自己的手中！必须造中国人自己的盾构！经过引进、消化、吸收和再创新，十余年磨一剑，中国中铁于2008年4月成功研制出第一台盾构（中铁1号），并于2009年12月整合公司最优质的盾构研发与制造资源，组建了中铁装备公司，迈进了中国掘进机制造的征程。

经过多年的潜心发展，中铁装备精心打造的中国掘进机品牌形象获得了国内和国际市场的广泛认可，中铁装备也得到了跨越式的发展，经营格局从系统内到系统外、从国内到国际，市场占有率稳居国内第一，发展模式从制造业转向制造服务业并实现了全价值产业链延伸，品牌形象从中国中铁的新星企业到国家高端装备制造业典型。但前进的道路上中铁装备的目标追求绝不仅于此，中铁装备深知肩上重任，必须找到一条可持续发展的路子，必须向世界一流品牌看齐，必须向打造成为世界顶级品牌和全球知名隧道掘进机制造服务商去奋斗，振兴民族工业，打造国际品牌，实现企业的永续经营和基业长青。

三、具体做法

中铁装备成立之初即确立了打造“国内领先、国际先进”的长远发展目标，明确提出了“实施两大战略（品牌发展战略与海外发展战略）、创新两大机制（人才发展机制和技术创新机制）”的总体发展战略体系和“三年占市场、五年创品牌”的阶段性目标。同时通过开展管理创新年、品质提升年、品牌培育年、品牌建设年等活动，全力提升企业的品牌形象。

为了把品牌工作引向深入，2013 年，中铁装备开始构建“价值 + 超越”（V·S）的品牌培育模式（见图 1）。其核心思路是：与国际顶尖品牌全面对标，发现价值机会，力争做最好自己，持续实现自我超越。V 代表 Value（价值），即：与国际顶尖品牌全面对标，发现价值机会，将价值思维与价值创造全面深入地融入企业经营生产管理活动，实现产品价值、客户价值、员工价值、供应商价值和社会价值的有机统一。S 代表 Surpass（超越），即：基于“勇于跨越，追求卓越”的企业精神，瞄准国际顶尖的产品质量和优质服务，致力于造世界上最好的产品，致力于实现产品价值的最大化，致力于塑造国家高端装备形象，让“好的产品自己说话”，实现企业品牌持续增值。

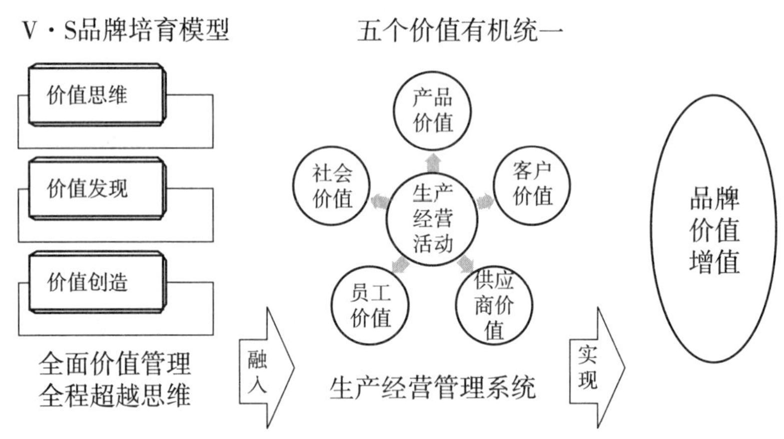

图 1　中铁装备 V·S 品牌培育模式

2014 年 5 月后，中铁装备按照习总书记的指示，进一步深化 V·S 模式，从中国创造、中国质量、中国品牌入手，全面构建中铁装备品牌价值体系（见图 2），以高端定制、卓越品质、智能服务循环促动为支撑，勇于跨越，追求卓越，在地下工程掘进装备和服务领域打造世界品牌。

图2 中铁装备品牌价值体系

（一）基于高端定制铸就中国创造，实现产品价值与客户价值的统一

隧道掘进机具有系统复杂、技术含量高等特点，需要针对国内外客户的个性化需求和不同地质条件实施单件小批量定制化生产。面对多样性、复杂性地层条件对隧道掘进装备造成的挑战，中铁装备着力建设适应性强的高端定制能力，不断超越自我，超越对手，打造多项国内国际首创，实现产品价值和客户价值的统一。一方面，精心选择具有高度技术关联性和产业带动性的产品或项目，实现关键领域突破，提升核心制造能力，形成技术竞争优势。另一方面，坚持把自主创新作为发展的战略基点，全面深化创新型企业建设，聚焦行业关键技术、共性技术及基础理论的研究，建立融技术创新、管理创新、制度创新于一体的科技创新体系。近年来，中铁装备每年投入的研发资金占比都达到6%以上，高居行业前列。

（二）基于卓越品质打造中国质量，深挖产品价值和供应商价值

基于“勇于跨越，追求卓越”的企业精神，中铁装备从质量文化建设、质量控制能力建设、质量制度建设入手，多管齐下，打造具有卓越品质的产品，确保每台隧道掘进机具有高安全性、高可靠性和高美誉度。

中铁装备全面贯彻落实全员质量管理理念，大力倡导“产品是人品、质量是道德”的品质观，在整个产品设计制造环节宣贯和实施“问题归零

（FDARS）”，从意识上夯实质量基础；进口国际最先进的液压控制实验台等大型精密仪器提升产品性能监测能力，对标学习国外工业企业工艺要求，邀请国外专家走进制造车间现场把关工艺标准，从技术上提升产品质量控制能力；建立健全供应链品质监控体系，实行生产工序实名制考核，从制度体系上保障产品质量。多措并举下，产品综合性能已经逐步超越了进口品牌，以高端的品质赢得设备应用方的信任。

（三）基于智能服务和同心圆文化塑造中国品牌，提升相关方价值

1. 打造服务型制造样板，提升客户价值

中铁装备以智能服务和优质服务为手段，从为隧道施工和地下空间开发提供产品向为用户提供创新的解决方案、配套的产品和全方位的服务进行转变，推动企业从制造业向制造服务业转型，最终实现“基于制造的服务和面向服务的制造”。一是从客户需求出发，提供定制化产品和个性化服务，在做精做强产品服务的基础上，逐步向过程服务、理念服务的更高价值链延伸。二是推行网络化服务，整合营销、设计、制造、施工优势，在方案设计、技术咨询、设备租赁、维修检测、回收再制造等各环节进行全面服务业务开拓，实现全生命周期收益，增强企业竞争力。三是推广“云制造”服务，基于互联网、面向服务的制造新模式，大力促进信息技术、云计算、物联网与制造技术的交叉融合，实现制造资源和制造能力共享与协同，通过网络为企业提供按需获取的高附加值、低成本和全球化制造的各类服务，力图将中铁装备打造为“在服务型制造领域的先行先试的样本”，塑立“中铁盾服”品牌。

2. 打造同心圆文化，提升员工价值

中铁装备以企业文化激发员工的品牌意识，依靠企业文化形成强大的凝聚力和向心力，共同塑造中铁装备品牌形象。一是与时俱进打造同心圆文化，从“以梦想为圆心、以幸福为半径、以事业为周长”，发展为“同力创造、心向质量、圆梦品牌”；二是定期开展员工创新设计技术大赛、企业管理课题研究、员工姓名命名盾构机、企业文化训练营、道德讲堂、员工文艺（书法、绘画、摄影）比赛等活动，为员工提供展示自己综合素质与能力的平台；三是推动实施员工素质提升工程，有计划地为员工个性化增值创造条件；四是办好同心圆交心屋、导入员工帮助计划、开展心理拓展等活动，舒缓员工的工作与生活压力；五是通过制作微电影、整理企业故事、宣传先进人物事迹等活动，让员工在正能量中感受精神价值，推动员工个人价值同企业价值的有机融合；六是编印《中铁装备》刊物、《同心圆文化》《员工手册》《员工安全手册》等，文化育人、文化塑企；七是加强社会责任管理，积极开展青年志愿者服务，创办高校励志奖学金、开展“校企合作”。

3. 积极履行社会责任，提升社会价值

中铁装备以振兴民族工业、打造国际品牌为己任，积极开拓海外市场，开展人文传播，提升企业形象。一是建立德国子公司、香港公司（中国）、新加坡技术服务公司、澳大利亚、印度、巴西代理机构，加快海外营销步伐，向国际化品牌大步迈进，中铁装备盾构已在马来西亚、新加坡、印度、以色列、黎巴嫩等国成功应用，并受到国外业主的好评。二是注重宣传新工法、新技术，通过新华社等主流媒体宣传产品的适应性，倡导环保、安全、健康的施工理念与工法。

四、实施效果

通过实施V·S品牌培育模式，践行“三个转变”，中铁装备国内外市场占有大幅拓展，行业影响力和社会影响力显著提升，实现经济效益和社会效益双丰收：

（一）市场占有

1. 国内市场

中铁装备已经连续六年国内市场占有率第一。目前，中铁装备采用全资办厂以及合资办厂轻资产运营模式，在国内建有18个生产基地，年产能达到260台，国内客户订单量日益增长。特别是在成都和深圳，政府主管部门与掘进机客户原本主张全部采用国外品牌掘进机，对中铁装备走过了“排斥—质疑—接纳—信任—赞扬”的情感历程。中铁装备的掘进机在使用过程中不负众望，掘进机的推力和扭矩变化平稳，掘进平均速度、管片平均安装时间、设备完好率等主要指标均优于本项目的国际顶尖品牌，由于其出色表现，中铁装备分别获得掘进机订单61台、45台，形成了盾构的族群效应。

2. 海外市场

截止目前，中铁装备产品出口马来西亚、新加坡、以色列、黎巴嫩等多个国家和地区。在新加坡，中铁装备共出口了 10 余台盾构产品；2015 年，中铁装备一次性签订 6 台 7.54m 的土压平衡盾构机的采购合同，用于 11 公里长的以色列特拉维夫红线隧道，成为单次出口掘进机订单最大的中国企业；2017 年 5 月 5 日，应用于黎巴嫩大贝鲁特供水项目的世界最小直径的硬岩 TBM 实现首段洞穿，标志着中国掘进机企业成功立足于国际市场。

（二）行业影响

中铁装备目前是中国工程机械工业协会掘进机械分会副会长单位，已逐渐成为广受同行尊重与重视的合作伙伴，国内多个区域制造行业龙头企业与中铁装备建立了战略合作关系或资本合作关系。中铁装备牵头并作为起草者参与编制的国家标准、行业标准达 12 项。随着企业海外拓展的步伐不断加快，中铁装备不但向世界输出中国产品，更向世界输出中国标准。《顶管机安全要求》《矩形土压平衡顶管机》曾在新加坡汤申线 T221 Havelock 地下通道项目得到成功验证，开创了新加坡大断面矩形盾构应用于市政建设的先河。2017 年 2 月，新加坡汤申线 T221 Havelock 地下通道项目荣获新加坡项目管理界最高荣誉——年度项目管理金奖，为新加坡地下空间开发及东南亚市场拓展起到了示范引领作用。

（三）社会影响

中铁盾构已经成为河南省乃至国家重大装备产业名片，国际国内主流新闻媒体非商业广告性质的报道数量持续增加，央视一套、二套、四套、九套、十三套、英语频道、俄语频道、阿拉伯语频道实现全覆盖报道宣传；《大国工匠》《经济半小时》《远方的家》《华人世界》《对话》等品牌栏目全方位进行播出。世界隧道建设领域最具有影响力的国际杂志《Tunnel Talk》主页头版头条报道中铁装备。

五、下一步工作思路

品牌战略的构建与实施是一项推动企业不断创造竞争优势的系统工

程，永无止境。下一步，中铁装备将以品牌愿景为指导思想，以企业战略目标为根本导向，坚持品牌建设与集团建设相结合，采用以“中铁装备”为母品牌、以产品品牌为子品牌的母子品牌策略，同时协调处理好与“中国中铁”品牌之间的关系，全方位推进品牌体系建设，突出“中铁装备”公司品牌的塑造，同时强化质量管理、技术创新和回报社会，提高产品质量、服务质量、工作效率和企业信誉，外塑形象、内强管理，实现内容与形式、物质与精神的统一，不断扩大“中铁装备”品牌影响力，努力把中铁工程装备集团有限公司打造成为国内外知名的品牌企业。

专家点评

不同于新兴的中小型企业，作为中国装备产业的领军企业，“国家队”的品牌培育责任重大，企业的品牌建设必须承担产业创新引领者的战略使命。中铁装备作为“三个转变”的发源地，持续推行“价值+超越”品牌培育模式，实施全面价值管理，将价值思维与价值创造全面深入地融入企业经营生产管理活动，以高端定制、卓越品质、智能服务循环促动为支撑推动产品价值与客户价值的融合与统一，以供应链监控体系深挖供应商价值，以同心圆文化提升员工价值，以振兴民族工业、引导行业发展、倡导绿色环保安全理念展现社会价值，对标国际顶尖品牌，勇于跨越，追求卓越，逐步成为河南省乃至国家重大装备产业名片。

创新时尚内涵　引领品牌价值

——波司登股份有限公司

当前，我国正处在振兴实体经济、推进“三品”战略的重要机遇期和发展新时代，发挥品牌引领作用，推动产业转型和供需结构升级，成为提升“中国制造”竞争力的重要举措。波司登股份有限公司作为中国纺织服装领军企业，充分认识到品牌建设的重要作用，在全国服装行业率先导入品牌培育管理体系并开展试点，瞄准当下注重体验和文化内涵的消费诉求，倡导“顾客至上、体验为王”，探索创建差异化的产品功能、情感化的内容营销、体验式的终端店铺、时尚化的新品发布、生态化的品牌合作，以颠覆式创新打动消费者心智，实现顾客对品牌忠诚到对品牌尊敬的新跨越。

一、企业概况

波司登股份有限公司（以下简称“波司登”）始创于1976年，是以羽绒服为主营业务的多品牌综合服装运营商，拥有六大生产基地，员工23850人。旗下核心品牌包括波司登、雪中飞、冰洁等，在中国市场拥有超过4000家零售网点，产品市场销售份额连续多年占据国内羽绒服市场半壁江山。

在羽绒服核心业务的基础上，波司登进一步优化产品组合，提升盈利能力，目前运营的非羽绒服品牌包括波司登男装，杰西、邦宝、柯利亚诺、柯罗芭等女装，以及飒美特校服等。

波司登品牌创立之初，就在美国、加拿大、瑞士等68个国家和地区进行注册，目前产品已进入英国、意大利、西班牙等72个国家和地区。企业以“波司登温暖全世界”为使命，致力于成为“全球热销的羽绒服专家”，开启“成为全球最受尊敬的功能服饰集团”的战略新篇章，为用户提供时尚、舒适的生活方式，满足人们对美好生活的向往。

二、案例背景

在经济增量放缓新常态背景下，波司登面临着来自国内外品牌日趋激烈的竞争压力，面临着从制造业品牌到消费者品牌转变的难题，面临着品牌高知名度下不断提升品牌美誉度、顾客忠诚度的挑战。

第三方调研报告显示，波司登以往的品牌传播中，偏重于简单追求产品功能的描述，在零售终端缺乏和消费者的有效互动，导致品牌的诉求无法和消费者的情感需求相对接，大部分消费者对波司登的印象仅仅停留在羽绒服产品层面，而对波司登品牌的定位和情感诉求认知比较模糊。另外，相比一些国际知名品牌，波司登在销售渠道、传播渠道还有不小的差距，导致品牌往高端发展的空间被挤压。

三、具体做法

为提升波司登品牌竞争力和美誉度，增强消费者与波司登品牌的情感联系，波司登对照工业企业品牌培育管理体系实施指南和评价指南的要求，梳理品牌管理关键过程，从创新品牌管理组织机制、提升品牌营销效益、深化品牌价值内涵、构建品牌生态圈入手，推动品牌升级发展。

（一）优化品牌管理架构，指导品牌管理创新

为推动旗下各品牌从产品运营走向品牌运营，波司登依托集团品牌管理中心设立董事会领导下的跨部门协调机构——波司登品牌培育管理委员会，领导和优化企业品牌管理创新工作。

品牌管理中心对所有业务采取集团化管理（见图 1），主要包括：对羽绒服板块，由集团管理平台支持、协调、管理、考核；对集团所属项目公司，采用有监督的业务授权、职能系统对口管理的项目经理负责制；对并购项目，总公司对项目的战略、高管团队、财务及预算进行管理。

同时，全面梳理品牌定位、品牌形象、品牌传播、产品研发设计、渠道及终端运营等品牌关键过程，从工作规划、审核、批准、执行、考核等方面明确工作标准、责任人及奖惩细则，组织完善集团 11 个业务板块的 18 个管理制度，并鼓励企业员工和各层级职能部门改进和创新业务，持续健全品牌管理的运作流程、责任及分工。

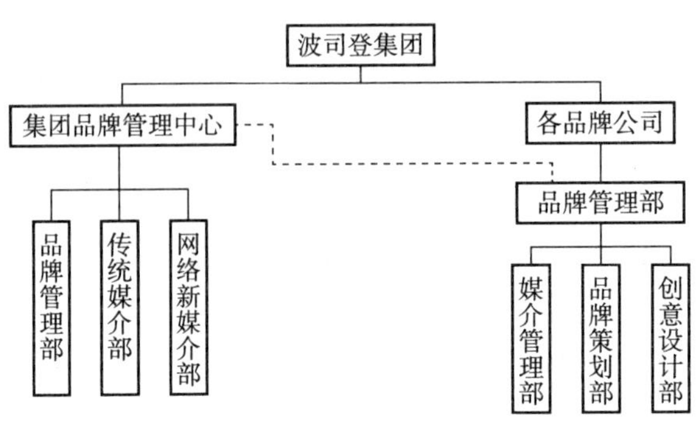

图1　波司登品牌管理架构图

（二）整合品牌传播资源，提升品牌营销效益

波司登依据集团发展战略及各品牌规划定位，推动实施“以目标顾客为中心”的四位一体的全方位整合传播，从传播内容、新兴媒体、终端形象和事件营销等四个方面持续改进提升。

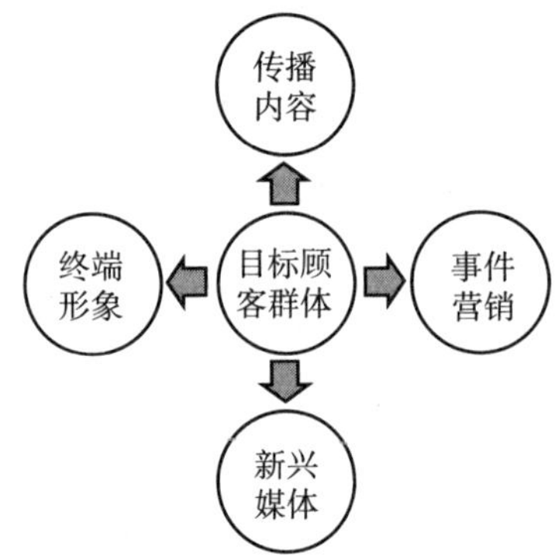

图2　波司登集团“四位一体”整合传播策略

1. 传播内容共鸣

波司登改变以往简单传达产品功能的广告方式，转向传达情感诉求，以欢乐式营销、生动化传播引发消费者的情感共鸣。在微电影刚刚兴起时，波司登拍摄了以羽绒服为主题的微电影《爱在尘世》，唯美的画面和浪漫的故事，吸引公众目光。微电影在网络首播后，获得极高的点击率和网络转发。《世界因你而美丽》篇广告把单纯的体现产品的时尚度，升级到因产品的时尚而带来的美好心情。《重新定义高标准》篇广告，从羽绒

服品牌王者的角度，把品牌诉求提高到了一个新高度，给购买波司登品牌的消费者带来一种自信和社会认同感。波司登“羽众不同轻奥会”产品TVC从年轻一代特立独行的性格出发，发声“与其埋怨黑暗、不如自己发光”，标榜与众不同的生活态度，引发年轻消费者的共鸣与关注，为品牌赢得更多认可和良好口碑。

2. 新媒体拓展

随着新兴媒体的快速兴起和年轻一代消费者的成长，波司登从战略层面对互联网广告、微电影、官方网站制作等新媒体予以高度重视，制定卓有成效的市场推广计划，并加大在新媒体传播上的投入，以玩乐轻松的互动形式与消费者建立亲密沟通，推动品牌形象向青春、时尚、活力转型。

从普通投放到内容营销，从单一节目合作到大整合营销，从线上到O2O，波司登携手新媒体不断创新互联网营销。如波司登与优酷土豆网的战略合作，以契合品牌调性的“大娱乐”为主线，聚焦互联网娱乐时尚核心目标受众，突破传统单一节目合作模式，前所未有地整合优酷土豆平台内所有重磅热门娱乐资源，集电影、韩娱、大剧、时尚、娱乐等几大版块之大成，打造服饰行业千万级别的年度营销活动标杆。

波司登还陆续开通官方微博、微信、Twitter、Facebook 等沟通传播平台，开展 SNS 社区营销、手机短信/彩信营销、手机 APP 应用、广告植入、H5 互动游戏等，保持着与消费者的亲密沟通，诠释“时尚与温暖并行”的理念，最大化品牌影响力。全民暖抱，寒冬变暖冬——波司登“暖抱日”活动从线上到线下全网同步发声，实现广覆盖高影响，总点击量为106 万，形成了一场暖爱的 O2O 整合营销大传递。

3. 终端形象升级

终端店铺是消费者了解品牌和购买产品的主要场所，终端形象和购物氛围的直观感觉是影响消费者体验的重要因素。为更好地提升消费者体验感，波司登倡导“顾客至上、体验为王、颠覆式创新”，启动终端门店改造升级和波司登品牌换新标工程，建立以市场终端为导向、快速反应的“共赢链”体系。

波司登更换沿用多年的产品商标，品牌形象 VI 全新升级，新商标在字形笔划上保留了振翅飞翔的意趣，“畅销全球 72 国”的 Slogan 信息清晰且更有说服力，赋予品牌现代化形象和时尚内涵。持续调整销售渠道网络布局，坚决关闭一批小型店、低效店，清库存、去产能，对优质高效的销售网络升级改造，开展移动概念店（Pop-up Store）创意营销，目前自营店占比超过四成，向着更贴近市场和消费者的零售模式转型。投入巨资在一线城市重点商圈打造品牌旗舰店，呈现波司登品牌融合品位、智慧、时尚、活力的多面性。例如北京西单大悦城旗舰店总面积超过3000平方米，覆盖羽绒、四季时装、配饰、家居等全品类，更开设了特色休闲区，提供一站式购物休闲生活体验。通过场景化营销和新品试销等方式，使市场和消费者得以参与企划、设计、订货、销售的全过程，并不断创新优化，快速响应，高效服务，赢得了消费者对品牌、产品、服务的认可。

图3 北京西单大悦城旗舰店提供一站式购物休闲新体验

波司登瞄准“互联网+”，大力发展电商业务，推进SPA管理模式和“拉式”补货，实施零售店洽客项目、O2O智慧门店、微信“微购物”、VIP会员制等创新举措，探索线上线下融合发展。借助“天猫出海”开拓海外市场，实现“爆款羽绒服卖全年”，迎来了新零售变革的新突破。2017年“双十一”单日，波司登全网交易总额（GMV）突破5.68亿元，同比增长32.7%，在天猫男女装品类榜单中均名列前茅。

4. 事件营销创新

随着IP商业价值的火爆，越来越多品牌借助经典IP推波助澜，力求提升品牌影响力。波司登坚持环环相扣的营销理念，在活动机制上推陈出新，将IP运用转向多样化，尝试具有整体规划的事件性营销，让消费者产生品牌黏性。

波司登改变原来单一的室内T台秀，将时尚发布会同订货会、品牌招商会等联合举行，并与国内著名旅游景区深度结合，升级打造成为综合性的户外实景发布秀。“梦萦净土·时尚丽江”秋冬新品发布会、“羽裳霓曲·魅力张家界”秋冬新品发布会、“天陲丽景·梦幻九寨”秋冬新品发布会，连续三年的户外实景发布完美融合自然之美与波司登时尚之美，有力提升了企业形象和品牌价值，创造了中国服装与旅游跨界营销、合作共赢的经典案例。

2016年波司登40周年，与迪士尼携手打造“羽见梦幻”主题营销活动，活动上线十天，微博互动话题类阅读量超500万，讨论数近1.3万。2017年“双十一”期间，波司登携手《中国有嘻哈》九强选手李大奔打造跨界神曲《潮级暖》，并推出联名款，将自身品牌内蕴与嘻哈文化打通，讲述新锐的生活态度，强调追求和标榜自我个性，辐射更多的年轻群体，为品牌增加“个性”“敢”等关键词。这些在各自领域中的优质品牌效应叠加，品牌内蕴互相转移，扭转了年轻人群对传统羽绒服“老土”“臃肿”的刻板印象，提升了波司登的品牌价值和文化品位，塑造了波司登品牌国际化、时尚化的新形象。

（三）深化品牌价值内涵，创造差异化消费需求

品牌价值是品牌管理要素中最核心的部分，随着新时代消费升级和国际品牌的涌入，大众对于服装的选择日趋多元化。追求价值创新，首要的是不断改进产品、服务，赋予品牌更多价值内涵，引领和创造新的消费需求。

波司登成立团体定制管理中心，面向政府、机关、企事业单位及社会团体，提供专属性定制化行业解决方案，包括全方位的设计、生产、配送及售后服务等“一条龙”“一站式”服务，拓宽和培育新渠道市场，建立在团体定制领域的品牌影响力。

波司登将传统工艺与现代科技互为融合，用国际范的创意设计和创新功能科技编织美丽“中国梦”，开发市场需求匹配度高的羽绒产品。在功能科技羽绒服上引入日本抗过敏原技术，推出BOSTECH功能科技系列羽

绒服，有效防止羽绒细菌滋生，抑制其活性，减少细菌对人体健康造成的伤害，有效抑制过敏原，从源头上帮助易过敏人群减轻过敏症状。针对困扰各大羽绒服品牌的“钻绒”难题，采取分格充绒、防绒针、高密锁绒、面料防绒等四种专业锁绒技术，有效抵御不同钻绒困扰，令消费者穿着更加轻松自在。

波司登还礼聘高端户外品牌 Moncler（盟可睐）前首席男装设计师 Fabio Del Bianco（法比奥），领衔开发“羽见魔登”国际设计师系列，以经典时尚的机车版型与撞色拼块、迷彩印花等流行元素相结合，并全部采用欧洲进口高品质波兰鹅绒为填充，小羊皮、羊羔毛、毛呢材质等营造出多元化的面料质感，展现了羽绒服独特的时尚魅力。

（四）稳健推进国际化发展，构建合作共赢生态圈

波司登积极把握“一带一路”发展机遇，推进国际化发展进程，在英国设立品牌旗舰店，借力米兰世界博览会成功“闯入”世界时尚之都的视野与领地，将中国服饰文化及原创设计与国际潮流接轨。稳妥引进世界500强战略投资者及合作伙伴，以资本为纽带，借助优势资源向产业链的细分领域延伸，构建协同创新、合作共赢的良好生态圈。与日本伊藤忠商事株式会社纺织公司进行深层次合作，共享优势资源：引进具有高竞争性的原材料，提升公司品牌及产品价值；强化海外市场以及电商销售，使用伊藤忠东南亚地区的新生产基地，降低生产成本；共同寻求并购新业务和对外合作联盟机会，促进企业多元化发展。

四、实施效果

波司登坚定品牌自信，聚焦价值成长和高质量发展，通过推进实施品牌培育工作，升级品牌竞争战略，为股东、员工、合作伙伴等各利益相关方创造价值，实现了和谐发展的良好局面。

波司登品牌知名度和美誉度提升显著，经营业绩和品牌影响力节节攀升，2017 年集团实现销售收入 324 亿元，同比增长 6%；上缴税金 8.56 亿元，同比增长 36.05%。中国商业联合会、中华全国商业信息中心发布的全国大型零售企业商品销售调查统计显示：波司登羽绒服连续 23 年（1995—2017）中国销量第一。

目前，波司登自主品牌产品畅销美国、法国、意大利等72个国家，全球超过2亿人次在穿波司登，羽绒服品质和保暖性广受好评，塑造了“中国制造”新形象。

五、下一步工作思路

创新是引领发展的第一动力。波司登将进一步加大品牌培育力度，全面推进品牌在业务、管理等方面的落地和变革创新，迈向“百年品牌、千亿梦想”的新征程，展现新时代美好生活的“中国Style”。在集团运营及品牌战略方面，将着力推进三大战略转型：

（一）稳健提升核心业务，实现持续增长

继续深挖波司登核心羽绒业务，“上调高度、下挖深度”，做精做专，巩固在羽绒服行业的霸主地位。在此基础上，借势全球热销，重新激活品牌，使波司登品牌成为顾客心智品类首选，实现由“产品经营”到“品牌经营”的转变。同时，提升国际贸易的核心竞争力，保持业绩可持续增长。

（二）拓展战略新兴业务，激活产业格局

科学延伸品牌体系，强势打造第二主业梯队，共享渠道、供应链、物流等核心资源，快速进入儿童、电商、生活户外等领域，从传统的经营“产品”到新商业模式下的经营“用户”，打造用户生态圈，最大化地利用集团平台资源，打造儿童产业、电商产业、时尚生活户外产业的行业领先地位。

（三）培育创新业务，开辟发展空间

将女装、男装等项目公司授权总经理自主经营，激励各项目公司达成战略发展目标，未来成长为集团的核心项目和战略项目。同时重点关注产业链上下游及新能源、生物科技、环保新材料等领域的投资，提升集团的综合竞争优势。

专家点评

服装行业是市场化程度很高的行业，随着社会经济发展和消费者需求个性化、多样化、时尚化以及国际化的变化趋势，承载企业文化和产品特质的品牌竞争更加激烈，对于一个伴随国家改革开放进程、具有42年历史的成熟品牌，档次、风格等已经在消费者心中形成了相对固定的认知，如何做到适应经济增量放缓的新常态、市场需求的新变化，重塑波司登新形象，波司登集团借力品牌培育管理体系给出了一些系统性、科学性、有效性的措施和路径：设立品牌培育管理委员会，对所有品牌进行集团化管理；创意内容营销引发消费者情感共鸣；升级终端店形象提供一站式购物休闲生活体验；创造差异化消费需求深化品牌价值。波司登全方位地提升品牌内涵与外延，塑造年轻化、时尚化、国际化的品牌形象，为我们提供了很好的借鉴。

从产品经营向品牌经营转变

——陕西鼓风机（集团）有限公司

陕西鼓风机（集团）有限公司属国家重大装备制造企业，根据国内、国际及行业市场发展趋势变化，陕鼓提出了“两个转变”的企业发展战略，即：从单一产品制造商向分布式能源领域系统解决方案提供商和服务商转变；从产品经营向客户经营、品牌经营和资本运营转变。结合战略转型发展，企业大力推动品牌经营与管理工作，系统推进“品牌战略、品牌经营、品牌管理”三位一体的品牌培育行动，显著提升了企业的品牌影响力，推动了企业转型升级快速发展。

一、企业概况

陕西鼓风机（集团）有限公司（以下简称“陕鼓”）是分布式能源领域的系统解决方案商、系统服务商和系统集成商。通过多年来持续的深化转型，陕鼓的系统解决方案和系统服务已覆盖“能量转换设备制造、工业服务、能源基础设施运营”三大业务板块，支撑着石油、化工、冶金、空分、电力（包括核电）、城建（地铁）、环保、制药等国民经济支柱及城镇化建设产业的发展，实现了“源于制造，超越制造”。

在企业“两个转变”战略指引下，结合企业战略布局和客户需求，陕鼓全面进行品牌战略规划，确立了“智慧的分布式能源系统方案解决专家”的品牌定位，将“解决问题、创造价值”作为陕鼓品牌的核心价值观，并通过提升产品品质、服务品质、人才品质等品牌内涵，努力打造“有能力、有活力、可信赖的分布式能源系统解决方案专家形象”。品牌战略规划体系的确立和有效落地，使陕鼓走上了“产品经营向客户经营、品牌经营转变”的品牌塑造之路。

二、案例背景

陕鼓集团审时度势，致力于新市场环境下的企业转型。按照“有所作为、有所不为”的发展思路，及时转型换跑道，提出了“两个转变”的战略思想，从单一产品制造商向分布式能源领域系统解决方案提供商和服务商转变；从产品经营向客户经营、品牌经营和资本运营转变。瞄准客户、市场所需要的环节，进行重心转移，强化高端价值链能力建设。2011 年，陕鼓集团申报工信部工业企业品牌培育试点，结合试点梳理各部门工作与品牌培育的关系，设计品牌培育相关工作流程，完善品牌培育相关制度，开始品牌经营转型之路。

三、具体做法

陕鼓集团结合品牌培育管理体系实施指南和试点工作要求，制定品牌发展战略，构建董事长直接领导下的“3 + 1”全员品牌管理模式，推动陕鼓从产品经营向品牌经营转变。

（一）品牌战略与方针的制定

集团根据《陕西鼓风机（集团）有限公司战略管理办法》规定的战略制定程序（见图 1），通过问卷调研和实地访谈，基于企业发展战略，制定品牌战略规划，明确品牌使命、品牌愿景、品牌定位、品牌核心价值观、品牌培育方针、集团层面与企业层面的品牌发展思路等（见图 2）。

品质可靠：陕鼓品牌培育要以“品质可靠”为基础，通过严格的质量管理体系为用户提供质量可靠的产品，提供良好的售前、售中、售后服务保障和工程总承包服务，提升员工诚信、值得信赖的能力与素质。

协同创新：品牌培育的过程是不断深化创新、扩充创新形式的过程。陕鼓品牌的创新不仅要体现在自主知识产权的创新，更加强调整合各种内外部资源的协同创新，与利益相关方共创共享。

个性服务：陕鼓致力于成为分布式能源系统方案解决专家，从出售单一产品向分布式能源领域系统解决方案提供商和服务商转变，为每一个客户量身定制，提供个性化的服务。

战略制订阶段	战略制订过程描述	工具方法
信息搜集	（1）收集企业外部的宏观政策行业动态、市场和竞争对手等信息；（2）收集公司内部的营销、技术、生产、运营等方面信息。	信息搜集管理系统等
战略分析	（1）分析企业面临的外部环境，识别主要机会（O）和挑战（T）；（2）分析企业内部环境，对自身发展优势（S）和劣势（W）进行评估；（3）对现行战略进行分析，必要时准备拟定新的战略方案。	PEST、五力、竞争对手等分析方法
方案制定	（1）经过深入、系统的战略分析，由战略委员会提出战略方向和战略思路；（2）战略管理部对企业内、外部环境进行分析，拟定多个战略方案，供战略委员会选择。	SWOT分析
战略决策	战略委员会通过召开战略评审会的方式对方案进行决策。	专家经验法

图1　公司战略的制订程序

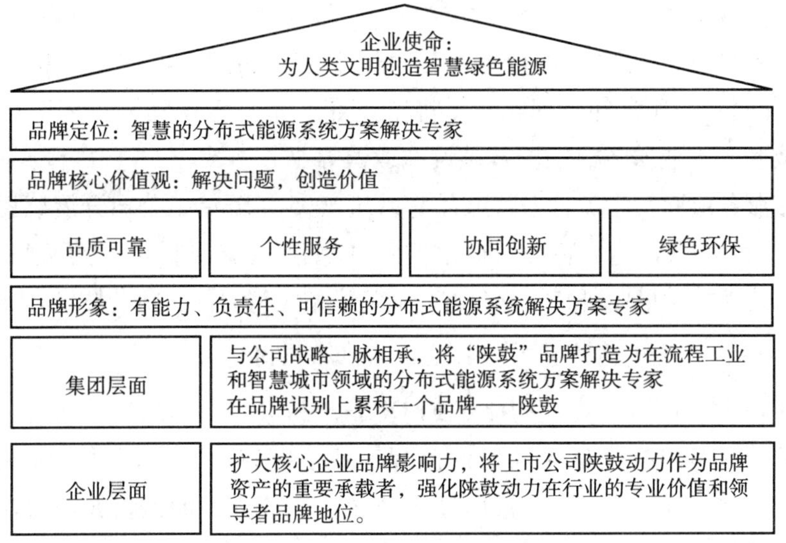

图2　陕鼓品牌战略规划

绿色环保：陕鼓要为客户提供节能降耗的绿色解决方案，同时要将环保理念应用在企业管理各个环节当中，减少对环节的污染，培养员工的绿色意识，履行企业社会责任。

（二）开展品牌经营，塑造陕鼓品牌内涵

为了实现从产品经营向品牌经营转变，陕鼓通过加大重大装备国产化研发创新、落实质量精品战略、开展国内国际并购、注重文化引领、积极履行社会责任等五个方面高起点塑造企业品牌内涵。

1. 加大重大装备国产化研发创新，打造国际高端产品品牌内涵

为保持技术研发领先水平，公司年平均研发投入占销售收入比重达8.4%。在原有陕鼓工研院基础上，成立了陕鼓欧洲研究发展有限公司（德国），整合全球科技资源，布局前沿创新研究，通过产研结合，双向互动，培育企业良性发展。

2. 落实精品质量战略，提升产品品质内涵

在战略层面，公司提出了以“产品质量、服务质量及流程质量”为基础的三大基石质量战略，推行实施“铁面文化、落实文化、改进文化、客户文化和工匠文化”为核心的质量文化。

在实践层面，公司坚持精益求精的工匠精神，开展“零缺陷”工程，对实施效果良好的项目进行重奖，确保主要产品的一次交检合格率达到100%。同时，还延伸管理触角，将“主导产品‘零缺陷’工程”辐射到工程成套、工业服务、能源基础设施运营等业务领域。

在服务层面，为了打造陕鼓品牌，从2005年开始，公司开展感恩回馈客户活动，在我国重大装备行业首家推出缺陷产品召回制度，利用已经成熟的专有技术，对早期研制的首台首套缺陷设备实行召回，免费技术升级。

3. 积极开展国内外并购，打造国际化品牌内涵

2015年，陕鼓动力收购捷克EKOL汽轮机公司，为陕鼓全面完善产业链布局，向客户提供优质高效的流程工业系统解决方案提供了资源和平台。2016年8月22日，陕鼓印度子公司正式成立，助力陕鼓动力在印度市场的开拓。2017年，成立陕鼓欧洲研发中心、欧洲服务中心，整合全球资源服务全球用户。另外，积极发展国际代理商网络，在香港、卢森堡、印度等地分别设立分公司，打造国际化品牌。

4. 通过文化引领，塑造向上向善的品牌文化内涵

公司将企业文化和品牌的关系描绘为“文化是里子，品牌是面子。”

近年来，公司高度重视企业文化建设，致力于成为智慧的分布式能源系统解决方案专家，公司坚定以“向上向善，优良风气创未来”核心价值观为导向，全面转身面向用户，围绕“成就客户”目标，在公司内打造六大特色文化，倡导陕鼓人的德与才理念，全心全意为用户服务。强化分布式能源领域品牌核心竞争力建设，在公司内各团队提出打造“五型团队”要求，全面加强团队能力建设。同时通过“三讲三不讲”“五个不允许”等文化理念，要求员工时刻以客户需求为先。通过内部文化塑造，凝心聚力，提升核心能力，为品牌建设构筑稳固根基。

5. 积极履行企业社会责任，打造责任品牌内涵

将利益相关方管理纳入企业社会责任管理的重要环节，关注客户、员工、合作伙伴、投资者、政府等利益相关方需求，在节能环保、公益慈善等方面持续投入，倡导“以人为本”“员工第一”等理念，连续多年对外发布企业社会责任报告，获得社会各界认可。推行全员竞聘上岗，围绕价值共创共享，开展“标杆人物开放日”等系列活动，与员工共享企业发展成果。从2001年至今，公司共投入7000多万元用于公益慈善项目，获得了“中华慈善突出贡献单位”“最具责任感企业”等称号。

（三）注重品牌管理和维护，确保品牌健康发展

1. 建立“3+1”品牌管理模式

根据企业品牌管理架构，形成“品牌管理委员会、品牌建设工作办公室和品牌培育关键部门3级结构，以及由品牌文化专员和品牌文化大使组成的1个基层品牌建设队伍”的“3+1”品牌管理模式，该模式具有矩阵式管理特色，倡导品牌全员建设，为创品牌提供组织保障。

2. 重视品牌资产保护

先后对“陕鼓”图形、文字及字母商标进行了全系列的注册保护，并结合海外市场拓展，对商标进行了海外注册。每年投入资金用于品牌维权和推广，发现问题及时跟进，闭环处理。

3. 实施品牌延伸，推动新业务增长

公司品牌从传统制造领域逐渐向智能制造、工业服务和分布式（可再

生）能源智能一体化解决方案领域延伸。陕鼓不再只提供单一硬件，而是提供“硬件+软件”，构建系统解决方案，形成“专业化+一体化”的差异化核心竞争能力。专业化方面，梳理分布式能源关键单点技术，开展超临界二氧化碳技术、一体化机技术、热解技术研发；梳理组合和集成技术，开展能量平衡技术研发。一体化方面，形成“能源互联岛”和“商务+金融”的解决方案。

4. 创新品牌传播方式

近年来，陕鼓围绕品牌定位和品牌核心价值，组织策划一系列活动，如召开新产品发布会、主办行业论坛，积极利用新媒体进行品牌推广等（见表1），提高品牌知名度，增强客户认同度和忠诚度。

表1　陕鼓品牌传播思路及方式

目标受众	行为特征分析	传播方式	传播主题
客户、总承包商	1. 注重实际，理性决策，群体决策； 2. 购买产品时决策过程复杂，周期较长； 3. 具有丰富的行业和专业经验。	1. 行业内主流专业媒体； 2. 展会； 3. 行业推介会/行业论坛； 4. 专业论坛； 5. 企业网站、企业公众号、企业宣传片、企业宣传册。	1. 绿色能源系统解决方案； 2. 新产品、新技术推介； 3. 管理服务理念。
行业协会	1. 了解行业发展动态及前沿技术； 2. 资源整合平台； 3. 行业专家评价。	1. 开展社会公益活动，履行社会责任； 2. 行业论坛、会议； 3. 行业活动。	1. 有能力、负责任、可信赖的分布式能源系统解决方案专家； 2. 履行企业社会责任的理念及践行； 3. 行业领军品牌。
媒体、投资人、社会公众	1. 关注企业经营状况，业绩指标，公开新闻； 2. 关注企业社会影响力和企业的代表性； 3. 关注社会责任，最佳雇主。	1. 财经类报纸、杂志等； 2. 大众媒体； 3. 开展各类公益活动； 4. 参与权威机构的社会责任及最佳雇主评选。	1. 持续增长的企业经营业绩； 2. 企业商业模式及分布式能源领域转型和创新； 3. 社会责任活动传播； 4. 开展校园招聘等。

四、实施效果

近年来，陕鼓坚持“两个转变”发展战略，一方面创新商业运行模式，转变经济增长方式，形成了“能量转换设备制造、工业服务、能源基础设施运营”三大业务板块，取得了良好的经营业绩，提升了企业的经营品质。“十二五”期间，集团主要经济指标尤其是盈利能力相对“十一五”取得了较大幅度的增长，其中人均指标已超过国际同行企业。2017 年，陕鼓集团聚焦分布式能源领域，企业经营效果进一步提升，总订货额创历史新高。企业抗风险能力得到了加强，企业获得稳定的、可预见的现金流和收益。

五、下一步工作思路

“十二五”期间，陕鼓结合企业战略转型开展了一系列创品牌工作并取得了良好的成效。“十三五”，陕鼓将持续秉承从产品经营向品牌经营转变战略，开展“品质陕鼓”系列行动，以“能源互联岛”为支点，以“体制机制改革”为发动机，以“智能制造和资本金融”为两翼，深化“一机两翼”战略举措，持续提升自身核心竞争力，寻求新突破，助力中国工业品牌提质增效，转型升级。

专家点评

品牌培育不是简单的营销宣传，而是要打造品牌价值，塑造品牌内涵。陕鼓集团以“为人类文明创造智慧绿色能源”为品牌使命，响应了当代绿色环保的发展主题，体现了企业的社会责任，为品牌内涵奠定了基调。在此基础上，进一步通过技术创新、精品战略、国际并购、文化建设等丰富品牌的高端、品质、国际化、文化内涵。陕鼓的品牌培育稳中有细，建立了“3 + 1”全员品牌管理模式，既有顶层的品牌管理委掌舵，也有由品牌文化专员和品牌文化大使组成的基层品牌建设队伍落地。陕鼓顺应时代建立创新品牌传播体系，针对不同目标受众采取不同的传播方式，确定传播主题，增强客户对陕鼓的认同和忠诚度。陕鼓全方位的品牌培育有力保障了“两个转变”的部署实施，实现了从产品经营到品牌经营的转型升级。

行动篇

每个企业培育品牌都面临着不同的环境和条件，企业需要把握自身需要，策划有针对性的活动，解决重要问题、实现关键目标。在企业经营全流程的每个环节，基于对顾客需求更深刻的理解，以及对竞争者更深入的分析，都有机会通过开展特色而有效的活动，使企业赢得差异化竞争优势。

本篇的十个经验案例围绕企业在设计开发、采购和合作、生产和服务提供、营销和售后等价值创造过程，以及品牌形象设计、品牌传播、品牌维护等品牌管理过程，策划实施有助于构建差异化竞争优势的做法和成效。

大数据时代的客户关系创新管理

——北京汽车集团有限公司

近几年中国乘用车自主品牌受到合资品牌的冲击，市场份额不断降低。核心竞争力弱、品牌力不足是自主品牌面临的主要问题。在这样的市场背景下，北京汽车集团有限公司作为中国主要的汽车骨干企业之一，以工信部品牌培育项目为契机，积极推进品牌管理探索创新，希望通过全面实施“品牌集团化”战略管理引领企业经营模式改变。北汽集团首先在总部、北汽股份本部及北汽股份研究院、北京汽车销售有限公司进行试点，涵盖北汽集团企业品牌以及绅宝、北京、威旺三个产品品牌，取得显著效果：北汽集团的品牌综合绩效增长了 2.4%；其中品牌知名度增长了 5.1%、考虑度增长了 21.1%；北京汽车（绅宝、北京）和北汽威旺，两个自主乘用车伞品牌对集团品牌的绩效贡献度增长率分别超过 56.5% 与 92.95%。

北汽集团在品牌培育过程中，涌现出许许多多的优秀实践与品牌故事，这里以北京汽车销售有限公司创新客户关系管理为例，展现北汽集团品牌建设的风貌。北汽集团紧跟时代，积极应用大数据的最新研究成果，从客户视角绘制客户关系管理发展的全景图，对客户全生命周期进行精细化管理，提升用户体验，从而提高品牌忠诚度和美誉度，提升品牌价值。

一、企业概况

北京汽车集团有限公司（以下简称“北汽集团”）是中国汽车骨干企业之一，拥有 50 多年的发展历史。总部位于北京，现有员工约 12 万人，是北京汽车工业的战略规划中心、资本运营中心、资源共享中心和风险控制中心。

北汽集团是中国汽车工业发展的先驱之一，1958 年的北京汽车制造厂成功研制的中国第一辆自主品牌轿车开启了北汽集团汽车路的风雨征程。经过50多年的发展，北汽集团已成为以北汽股份、昌河汽车、北汽福田、北京奔驰、北京现代、北汽有限、北汽银翔、昌河铃木、福田戴姆勒等多家整车制造企业为核心，融汽车研发、零部件制造、汽车服务贸易、教育和投融资业务多元化发展的综合性、现代化汽车企业集团。

二、案例背景

近几年，虽然国内乘用车年产销均有10%以上的增长，但自主品牌市场份额却在不断下降，2014年中国自主品牌市场份额出现“十二连降”。合资品牌产品推新速度加快，价格频频下探，直逼自主品牌市场腹地。核心竞争力弱，品牌力不足成为自主品牌市场乏力的关键因素。

在这样的大背景下，集团下属北京汽车销售有限公司以品牌培育为契机，推动创新管理（见图1），在营销模式上顺应网络化发展潮流，推动大数据营销，将大数据应用到市场营销的各个环节，其中在客户关系创新管理方面尤其突出。

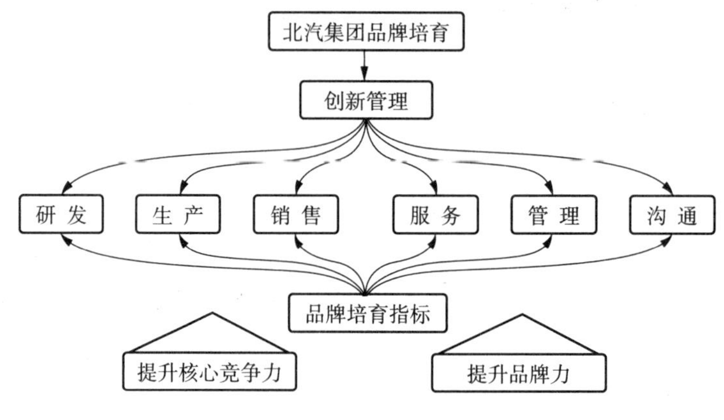

图1 品牌培育核心－创新管理

三、具体做法

北汽集团对客户关系管理的理解是：企业通过与客户进行有意义的交流沟通，站在客户视角理解并影响客户行为，提高新客户获取、客户保留、客户忠诚和客户创利，最终实现企业发展的长期目标。

北汽集团从客户视角出发，按照关注——体验——转化——拥车——生活——再购的发展规律，绘制北京汽车CRM发展全景图（见图2、图3），形成了“以客户为中心”的全生命周期客户管理体系。根据全景图，对客户进行全景式、全生命周期精细化管理，前置工作重点，利用大数据，关注早期客户，在购买前6个月以内，对客户进行关怀培育，引导转化，实现销售，将潜在客户变成现实客户。

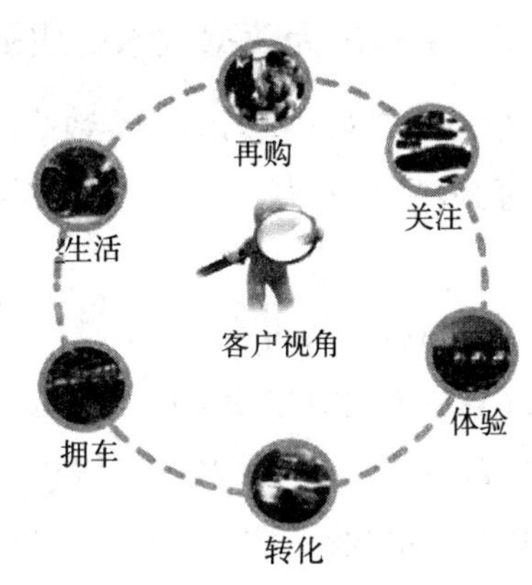

图2　北京汽车CRM发展全景简图

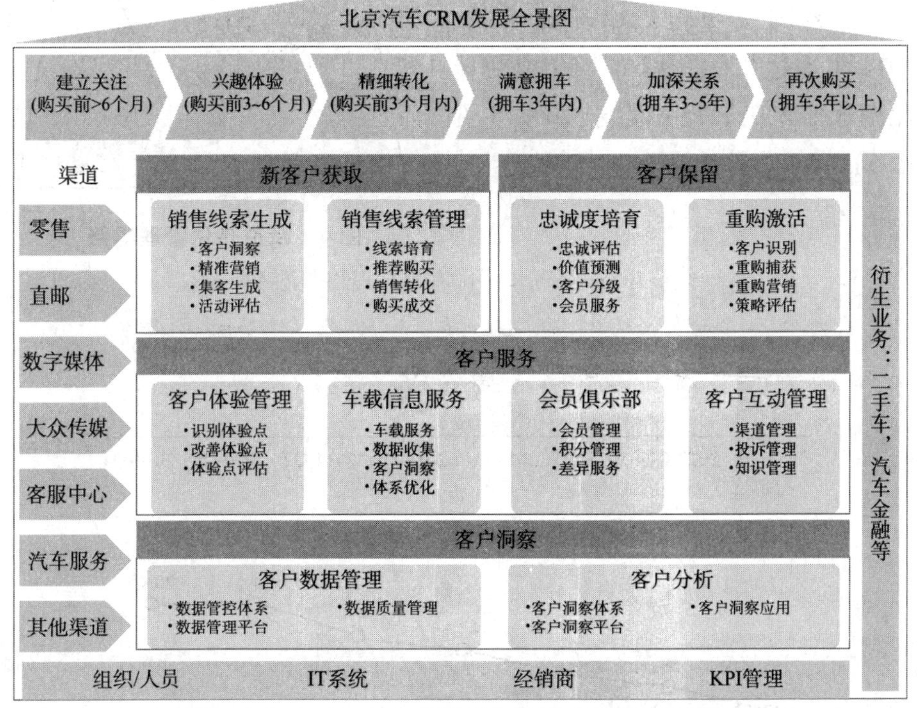

图3　北京汽车CRM发展全景图

（一）利用大数据技术更加精准的寻找客户

北汽集团利用腾讯的大数据资源进行科学的分群特征分析，增强潜在客户感知能力，大大提高客户寻找的精准度，有效降低了蓄客成本。

原定目标：搜集潜在客户：≥10000 条；广告 CPA 成本：≤350 元/条；线索成本优化：≥10%。

实际成果：销售线索：21930 条（较 KPI 提升 119.3%）；CPA 线索成本：100.9 元/条（优化 251.3%）；成交量：44 台。

（二）精细管理，提升成交转化率

北汽集团对客户关系进行精细化管理（见图4），将潜在客户、意向客户、订单客户、成交客户纳入客户培育池，进行关怀培育，提升成交转化率。E 系列成交转化率环比增长，2014 年均达 25%；绅宝 D50 成交转化率逐步攀升，已稳定于 20%（见图5）。

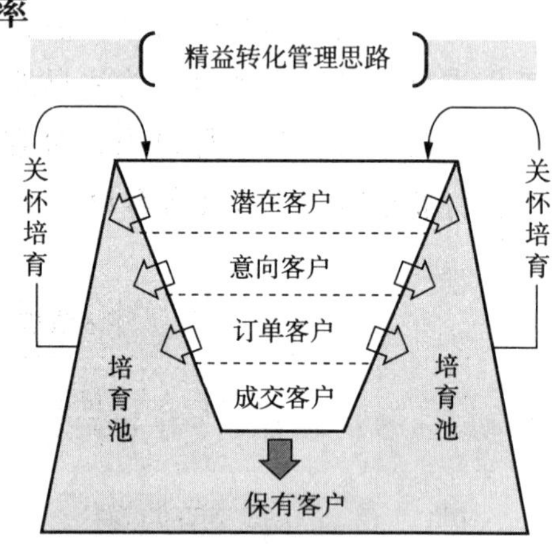

图4　精益转化管理思路

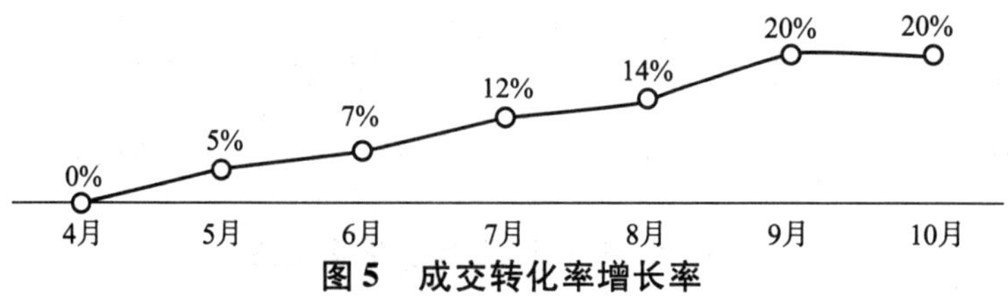

图5　成交转化率增长率

（三）服务为先、标准规范，带给早期客户更多的拥车满意体验

北汽集团以自2013年10月1日起施行的《家用汽车产品修理、更换、退货责任规定》为契机，率先在全国提出“三包政策”，成为国内三包第一车，推出标准化、规范化的“三个一”服务，充分体现了北汽对客户的承诺和诚意，有效提升了北京汽车品牌的知名度、美誉度。首创的“三个一”服务承诺包括：1分钟快速接待；1小时快速救援（单程40公里内）；1天车辆修复（118项维修项目范围内），极大提高了客户体验。

（四）创新的“1+N+X”模式推动网络快速扩张，贴近客户

北汽集团提出“1+N+X”的销售网络扩张模式，迅速增加销售终端，贴近客户。“1+N+X”的销售网络扩张模式是指：在一定区域内建立一个形象店/标准店，以标准店为中心建立N个卫星店，以卫星店为依托，建立X个二级网点，迅速扩张服务网络，贴近客户，面对面解决客户的需求。

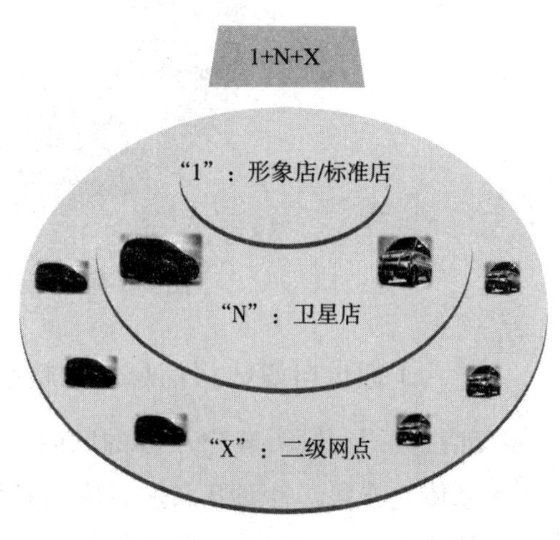

图6 “1+N+X”模式

“1+N+X”模式（见图6）取得了良好的效果，至2014年9月轿车网络标准店达到210家，卫星店135家，二级网点647个；微车网络形象店达到306家，卫星店705家，二级网点580家。

（五）高度重视客户声音，多种渠道、快速解决、拉动改善，使客户更加满意

北汽集团改变简单的投诉处理客服模式，高度重视客户关切，多渠道倾听客户声音，及时解决客户反映的问题，响应率、解决率等都远高于同行业平均水平。

将客户声音分为咨询、投诉、建议三大类，通过各种媒介，建立客户声音倾听体系（见图7）。倾听客户声音以后迅速做出反馈，形成“倾听

—优化”循环的良性工作机制。客户声音倾听体系取得良好效果，咨询一次解决率达到94%，高于行业的90%；投诉100%响应率1小时内达到，快于行业2小时的水平；投诉关闭率24小时内达到95%，好于行业的72小时93%的水平。

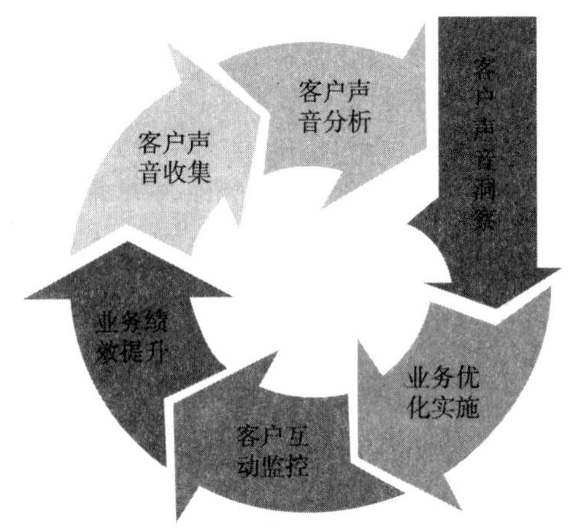

图7　客户声音倾听体系

（六）通过自媒体将信息高效精准的送达客户，培养客户兴趣

北汽集团在倾听客户声音的同时，也关注精准送达客户关心的信息。在信息传递方面，针对互联网时代信息传播碎片化的特点，更加注重对自媒体的使用，充分利用自媒体的互动特性，高效、精准传输信息，培养客户兴趣。

充分利用微博、微信等自媒体以及网络论坛等媒介，精准送达信息。其中，微博：绅宝官微粉丝数395万（汽车行业第一）；E系列官微粉丝153万（A0级汽车行业第一）；BJ40官微粉丝59万（自主品牌越野汽车行业第一）。微信：微信活动“绅宝抢乐汇”促成实际购车36台，转化率6.8%（高于行业平均4%的水平）。

（七）体验式营销让客户亲身感知

北汽集团开展形式多样的体验式营销活动，根据产品特性组织了“绅宝飞行秀”“月度试驾会”等活动，给客户更加直观的产品、服务体验。

2014年，组织实施了140场大型活动，包括35场“绅宝飞行秀”、

105 场“M20 实尚京品秀”，其他中小型活动上万场，给更多客户亲身体验北汽产品的机会，让客户对北汽品牌有了更加深刻的了解和认识。

（八）电商合作拓展全新转化渠道，方便客户购买

在销售方式上，北汽集团突破传统的店面销售格局，与各类电商开展合作，搭建电商销售平台，建立 O2O 销售模式，在增加销售的同时也取得了良好的宣传效果，在拓展销售模式方面进行了有益探索。

四、实施效果

北汽集团在客户关系管理领域积极创新、勇于探索，以客户体验为工作标准，努力提升客户满意度、提高品牌价值，在市场、客户关系领域已初步取得丰硕成果（如图 8）。

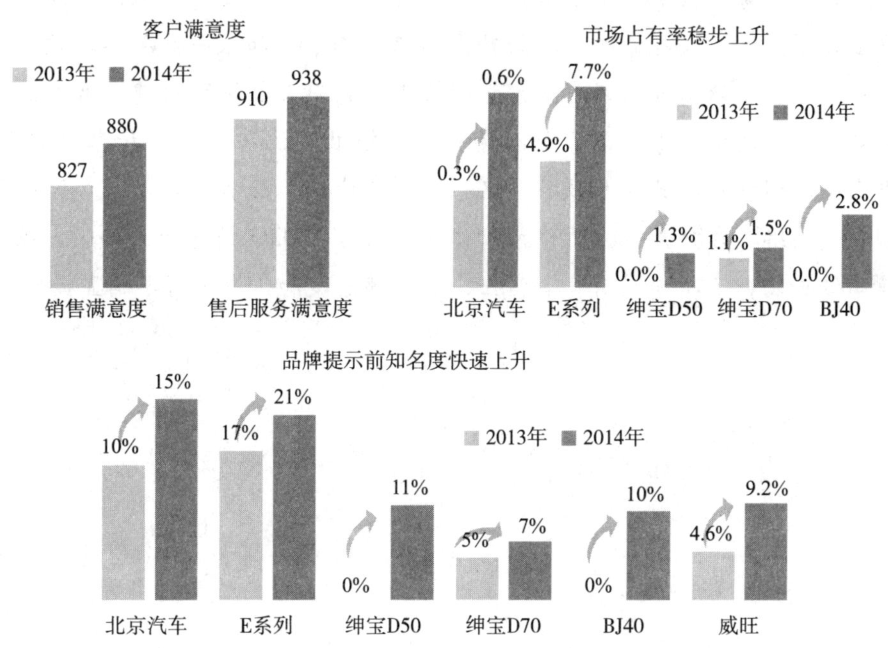

图 8　北汽客户关系管理取得成果

五、下一步工作思路

北汽集团将继续加强品牌建设，将品牌培育理念进一步延伸到北京汽

车与昌河汽车公司的工厂、车间、研究院科室、经销商、服务商层面，成立各级品牌培育小组，构筑完整的品牌培育体系，树立全员品牌观，为“北京汽车”“昌河汽车”品牌溢价奠定基础。

在客户关系管理方面，北京汽车销售公司将继续深化“品牌培育”工作，利用移动互联技术和大数据应用研究成果，继续完善北京汽车的 CRM 客户管理体系，建立覆盖客户全生命周期的管理模式，进一步贴近客户，由被动服务转变为主动引导服务，提升客户体验，提高品牌价值。

专家点评

大数据时代的到来为各行各业的发展带来颠覆性的影响。北汽集团凭借开阔的视野、敏锐的直觉，将大数据技术引入客户关系管理，创新性地提出建立关注→兴趣体验→精细转化→满意拥车→加深关系→再次购买的全景式、全生命周期的客户关系管理模式：利用大数据技术建立客户洞察体系，分析消费者每一阶段的行为模式，精准定位潜在客户和客户需求，提出一系列相应的营销和服务策略——“三个一”服务承诺、“1 + N + X”的销售网络、客户声音倾听体系、体验式营销、O2O 销售模式……，点点滴滴做加法，不断积累消费者信任，客户满意度和市场占有率明显提升。

一瓶酒的营销“功夫”

——青岛啤酒股份有限公司

在啤酒市场，“TSINGTAOBEER，我的最爱”，成为海外消费者在社交网络上的习惯表达。如同李小龙成为中国功夫的化身，青啤也成为中国品牌的符号。

青啤能以独立姿态在全球崛起的背后，是苦练内功、创新求变、中国文化影响力提升的支撑。百年金字招牌，也在不断的传承创新中，悄然进行着改变。

这看似寻常的一瓶酒中，蕴含着无穷的“中国功夫”。

练好传承诀，用科技提炼酵母“DNA”，最大限度地保证了啤酒风味的一致性。无论身在青岛还是拉萨，地处纽约还是巴黎，抑或世界任何一个地方，青啤风味得到100%的“遗传”；守好工匠精神，一瓶好啤酒历经“千锤百炼”，始自一颗麦粒、一粒大米、甚至一滴水，相比十几种国家标准，青啤的内控标准达到了上千种；做好创新突破，从推出青啤快购APP，到建立社区酒吧，到推出魔兽罐啤酒……青啤的创新功夫永不停步。

这蕴含其中的无穷“功夫”，更是通过独特的品牌营销直抵人心，引发共鸣。

品牌是从产品到文化的提升。在做好传承、品质和创新的过程中，青啤提炼出了自己独有的品牌文化，通过与时俱进的营销传播手段，在消费市场新概念、新需求不断兴起的过程中，找到了变化中的“不变”，将品牌文化厚植于几代消费者心中，不仅让忠实用户“不放弃”，更让喝啤酒变成了一件时尚的事情，让百年青啤既有历史的厚重，又有青春的活力，吸引了更多年轻粉丝，引发了多个市场主体的高度共鸣。

青啤在品牌建设和营销上先试先行，不仅为制造业转型升级提供了范本，更为老字号企业如何“破茧成蝶”“常试常新”提供了思路。让我们打开百年青啤的品牌“密码”，解密独特的营销策略，探寻老字号品牌与时俱进、颠覆创新的方法论。

一、企业概况

青岛啤酒股份有限公司（以下简称“青岛啤酒”）是一个有着一百多年历史的国际化品牌企业。目前品牌价值 1297. 62 亿元，居中国啤酒行业首位，位列世界品牌 500 强。在中国 20 个省、直辖市、自治区拥有 60 多家啤酒生产企业，产品远销美国、加拿大、英国、法国、德国、意大利、澳大利亚、韩国、日本、丹麦、俄罗斯等世界 100 个国家和地区。

青岛啤酒以“成为拥有全球影响力品牌的国际化大公司”为愿景，不断创新，“用我们的激情，酿造全球消费者喜好的啤酒，为生活创造快乐!”

二、案例背景

目前，消费者行为呈现越来越个性化和社区化的趋势，越来越积极地发出自己的声音，并参与到价值创造的过程中来。消费者选择啤酒已不仅仅是看中其产品品质和功能，更重要的是看啤酒的品牌定位是否符合自身的心理需求。啤酒消费已经逐渐成为一种情感消费，消费者更注重的是在享受产品过程中去体验到啤酒所带来的激情、活力与快乐。

市场永远在变化，青岛啤酒也面临着众多挑战：在保障产品高品质的情况下，如何让消费者能够充分地体验到啤酒的品牌价值？在建立良性发展生态的同时，如何将青岛啤酒“畅享欢聚时刻”的品牌理念有效地与消费者沟通？青岛啤酒品牌下两大品类如何整合自身的多种营销资源并实现突破？如何利用整合营销，建立青岛啤酒自己的粉丝圈和互动社区？

在这方面，青岛啤酒做出了很多尝试和探索，提出集“品牌传播、产品销售、消费者体验、粉丝互动”于一体的“四位一体”营销战略，将品牌理念“畅享欢聚时刻”落地的“T 字策略”，打造鲜明的品牌个性，培育青岛啤酒品牌粉丝，建立良好口碑。

三、具体做法

青岛啤酒是一个与时俱进的品牌。随着市场的日益变化，青岛啤酒也在不断地调整品牌营销战略。在深度分析越来越复杂和细分化的消费者需求基础上，青岛啤酒提出了系统化的、具有鲜明品牌个性化的品牌营销战略：“四位一体”。同时，通过“T 字策略”将品牌精神落地并深入渠道。

（一）“四位一体”营销模式概念

“四位一体”指的是将品牌传播、消费者体验、产品销售与粉丝互动四种竞争手段有机结合运用的营销模式（见图 1）。四个组成部分相互支持、相互促进，不可分割。

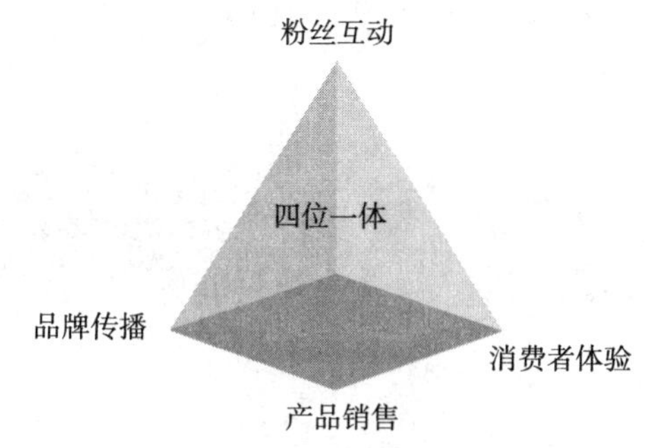

图 1　青岛啤酒“四位一体”营销模式示意图

品牌传播。媒体传播与活动体验结合，传递品牌理念，加强有效的市场营销沟通，将受众切实转化为青岛啤酒的消费者。

消费者体验。将品牌、产品、消费者三者结合，建立起立体交互式沟通体系，为消费者提供全方位品牌及产品体验。

产品销售。利用活动吸引消费者参与并提升产品附加价值，直接促进产品销售。

粉丝互动。不断为消费者创造新的价值，将消费者进一步转化并固化为品牌的粉丝。互动过程产生大量的原创内容，有效帮助品牌口碑传播。

纵观“四位一体”整体模式：通过品牌传播帮助消费者认识青岛啤酒品牌与各品类产品；通过丰富的消费者体验活动，使消费者全方位地得到品牌情感体验、产品品质体验和生活方式体验；直接有效的产品销售，极大提升产品销量，培养消费者消费习惯；长期的品牌传播，加上消费者体验和销售活动的合力，进一步将普通消费者转化为品牌粉丝，每一个粉丝都将成为青岛啤酒品牌免费的、积极的传播者，帮助品牌建立口碑、传播价值、提升销量。

这是一个良性循环，品牌价值帮助促进消费者购买，体验结果又帮助提高品牌价值。“四位一体”，相辅相成，缺一不可。通过多维度深层次的消费者沟通，形成品牌与产品以及消费者之间互相促进的良性发展生态，不断提升品牌的市场知名度、美誉度与占有率。

（二）“T 字策略”

“T 字策略”是品牌理念“畅享欢聚时刻”如何落地与目标消费者沟通的重要工具，从宽度和深度两个方面帮助品牌理念成功落地沟通（见图 2）。

图 2　T 字策略

在宽度上，“T 字策略”将“畅享欢聚时刻”结合不同消费群体的情感需求，细分成更具体的“畅享 × × 时刻”，通过不同的营销平台满足不同消费群体的多样化需求。如：“畅享激情时刻”针对体育营销，“畅享闪耀时刻”针对音乐营销等。

在深度上，“T 字策略”将“畅享欢聚时刻”的品牌理念在各种渠道（如：现饮渠道，商超渠道，电商渠道等）落地，通过不同体验内容在各种消费场景与目标消费群体沟通。

“T 字策略”实现了品牌精神与消费者体验的连接，帮助品牌从营销内容和形式上实现战略性的突破，是“四位一体”营销模式下务实、智慧的实战策略，为品牌传播提供方向，为消费者体验提供场景，为产品销售提供方法，为粉丝互动提供内容。

借助“T字策略”的发展和实施，青岛啤酒向社会各界消费者广泛传播了自身的品牌优势，满足了不同年龄、不同地域、不同价值观背景的各细分人群的多样化需求，更在传播过程中深化了消费者体验，有效指导了产品销售活动，将消费者进一步转化并固化为品牌的粉丝，给粉丝们提供了有趣、有利、有用的粉丝社区，扎扎实实地实现了“四位一体”的营销模式，是指导青岛啤酒品牌保持不断可持续发展的营销法宝。

四、典型实例

青岛啤酒在“四位一体”营销模式和“T字策略”的指引下，将“拥有全球影响力品牌”作为公司未来的发展方向。近年来，以体育营销为主线，面向全球消费者构建多元化的沟通体系和丰富生动的体验平台，极大地提升了青岛啤酒的品牌形象，让一个百年品牌变得更有激情、更有活力、更时尚，赢得了更多的年轻消费者的青睐。这里以奥运营销和啤酒节为例进行展示。

（一）奥运营销

1. 北京奥运会

北京奥运会是全民体验激情、实现梦想的好机会。青岛啤酒把支持奥运既看作是企业的社会责任，又看作是提升品牌影响力的机遇。签约成为奥运赞助商后，青岛啤酒树立了“做奥运精神的最佳传播者”的目标，以全民奥运作为自己奥运营销的特色，以“四位一体”的模式，组织实施了“青岛啤酒－我是冠军”“青岛啤酒CCTV倾国倾城”、全球奥运激情征集、奥运大篷车全国行、奥运体验中心、赞助国家跳水队、赞助厦门马拉松等一系列奥运营销活动，并在奥运结束前一天与NBA签订战略合作协议，率先启动后奥运营销。

其中，“倾国倾城”栏目将青岛啤酒与城市结合，将政府机构、商业组织、国内外媒体、普通民众整合在同一范围内，向世界展示品牌实力、展示中国文化，提升了品牌亲和力，拉近了品牌与消费者之间的距离，加强了青岛啤酒与“中国品牌”之间的联系，是“四位一体”营销战略的集中体现。

从品牌传播的角度：首先，与高规格国际官方深度合作，如联合国计划开发署、世界旅游组织等，加强了活动的专业性。其次，栏目播出跨国界，除中央电视台大力播出之外，还联合国内20余家省市电视台及国外的权威媒体如美国国家地理频道等进行共同播出。同时有效整合并激活国内外100余家权威平面、网络媒体等优质资源，实现了线上线下的全面联动与互动，进一步扩大品牌理念的传播效果。再次，配合电视节目的内容继续强化品牌理念的宣传，所有被推介的城市都在活动尾声开展世界巡展，展示美丽的城市风光和城市理念。

从消费者体验的角度："倾国倾城"活动在选拔城市的过程中，全程展示青岛啤酒的形象，并充分调动起了民众的热情，增强了消费者的现场参与感，加深了消费者对青岛啤酒品牌的体验和认识。

2. 伦敦奥运会

2012年伦敦奥运会，青岛啤酒全面启动了360度品牌整合营销传播。签约以刘翔、易建联、陈一冰、何姿为代表的冠军军团，建立青岛啤酒与"更高、更快、更强"的奥运精神的强关联。通过新闻发布会亮相青岛啤酒冠军军团，同期发布青岛啤酒2012年奥运营销主题"青岛啤酒，与世界干杯"。在推广活动上，开展体验式体育营销，结合奥运关键时间点与消费者互动，打造"全民星周末"线下互动平台；在媒体投放上，购买央视核心资源，紧抓核心赛事进行海量品牌曝光，针对30个城市户外大牌、公交候车亭、地铁广告等进行重点投放；在促销活动上，推出"喝青岛，游伦敦"主题促销活动；在产品开发上，推出青岛啤酒冠军军团奥运纪念罐。

（二）啤酒节营销

"青岛啤酒节"是传播青岛啤酒文化的载体，是与消费者互动的推广平台，长期以来，青岛啤酒一直力争将啤酒节做强做大，打造啤酒品牌的专属资产。

在品牌传播上，以事件传播为重点，采取线上、线下相结合的立体宣传方式，网络、电视、报纸高空覆盖，商超、社区、校园落地宣传；啤酒节期间的广告、公关传播，让消费者更加关注青岛啤酒品牌，加深对青岛啤酒的了解和喜爱。

在消费者体验上，通过场地布置、节目设置等方式，增强与消费者的互动交流，提升消费者对青岛啤酒品质的认知和赞誉。

在产品销售上，广泛开展啤酒节促销活动，进而拉动产品销售，形成“四位一体”的完美组合（见图3）。

青岛啤酒还把“青岛国际啤酒节”的运作模式在全国推广，将青岛啤酒节打造成为吸引消费者参与感、建立粉丝忠诚度的优秀阵地。

图3　青岛啤酒节“四位一体”现场图

五、下一步工作思路

随着互联网时代营销环境的不断变化，品牌信息的传输方式和效率被改变，从交易场所到传播环境、买卖关系都发生了翻天覆地的变化。消费者的话语权越来越大，如何与消费者深度沟通，把握消费者需求，是所有营销模式需要解决的问题。

青岛啤酒品牌在“四位一体”营销模式和“T字策略”的道路上，如何应对不断变化的营销环境，满足消费者“千人千面”的需求，任重而道远。无论是体育营销中的亚冠、中超赛事赞助，还是娱乐营销对于各类音乐节及演唱会的探索，以及事件营销青岛啤酒节的坚持与放大，从线下运用各种高科技不断升级的消费者体验活动，到线上社会化营销的粉丝互动，都将遵循“四位一体”营销模式和“T 字策略”，同时不断完善营销模式的内涵。青岛啤酒品牌会以更年轻、更时尚、更国际的方式持续增值，不断发展。

专家点评

从青岛啤酒身上，我们能学到什么？实际上，更多的是一种方法。

如果我们仔细审视“四位一体”营销模式和“T 字策略”，不难发现，二者所做的一切，都是为了和消费者进行更好的对话和沟通。当你的消费者不再躲在“货架”后面，不再“没有名字”，你如何把他们从市场中“找出来”，精准对话？这是互联网时代，品牌营销急需补上的一门课。

互联网的实质是一种关系。面对现在的营销环境，企业要好做的第一件事就是“连接”。可以说，几乎在近年来所有的体育、娱乐等重大标志性事件中，青岛啤酒都成功的将品牌文化与事件进行结合，在品牌传播中加强与消费者的对话和沟通，紧扣消费者需求和市场变化，实现了营销手段的创新、品牌的年轻化及产品溢价。

青岛啤酒正是在这一次次的“连接”中，拉近和消费者的距离，厚植了品牌文化，提升了市场“粘合度”，赢得消费者的喜爱、赢得全世界的尊敬。

都说好酒也怕巷子深，营销传播的转型同样是企业转型的重要一面。新时代带来新模式和新挑战，随着互联网和信息的快速传播，打造中国品牌，除了深耕产品质量，更要讲好中国故事。品牌营销和文化传播，显得尤为重要。

从单一广告投放到多维度品牌营销互动

——杭州娃哈哈集团有限公司

品牌传播媒介作为企业与消费者的重要连接载体和沟通渠道，运用得当与否，直接影响着企业与消费者的沟通效果，也直接影响着企业品牌战略是否能成功推行。杭州娃哈哈集团有限公司作为中国“非常营销”策略的开创者与实践者，一直注重传播媒介及传播方式的选择和应用，不断根据环境的变化、技术的发展，开辟创新新的传播媒介和渠道，整合深化新老传播途径，建立与时代发展相匹配的营销模式，从传统广告媒体单一的硬广告投放、到多渠道多维度品牌互动、再到开放瓶标资源进行线上线下互动品牌营销，始终引领国内品牌营销风潮，推动娃哈哈品牌走进千家万户。

一、企业概况

杭州娃哈哈集团有限公司（以下简称“娃哈哈”）创建于1987年，经过30年的发展，现已成为一家集产品研发、生产、销售为一体的大型食品饮料企业集团，是中国最大的饮料生产企业。公司产品涉及饮料、乳制品、罐头食品、婴幼儿配方食品、保健食品、酒、药品、智能装备等八大类，饮料又有包装饮用水、蛋白饮料（含乳饮料、植物蛋白饮料、复合蛋白饮料）、乳制品以及碳酸、茶、果汁、咖啡、植物、风味、运动饮料等，其中包装饮用水、含乳饮料、八宝粥罐头多年来产销量一直位居全国前列。娃哈哈在中国29个省市自治区建有80多个生产基地、180多家子公司，拥有员工3万名、总资产近400亿元。

公司拥有国家级企业技术中心、博士后科研工作站、浙江省食品生物工程重点实验室、CNAS实验室，每年都有新产品、新的业务增长点，铸就了企业可持续发展的源动力。公司参与55项国家、地方和行业标准的制（修）定，为推进中国食品饮料行业与国际接轨起到了积极作用。

30年来，娃哈哈依靠“可信赖的质量保证、多方位的产品体系、稳定的产品定价”的产供销格局，给消费者留下“老百姓身边的饮料”的品牌形象，走进千家万户。

二、案例背景

2010年，公司委托第三方开展娃哈哈软饮料类饮品消费者满意度调查，测评可口可乐、王老吉、统一、汇源、康师傅、娃哈哈、百事可乐、乐百氏、露露、椰树等国内饮料市场的十个主流品牌饮料的满意度。结果显示，娃哈哈的消费者满意度指数为77.1，在这十个品牌中位列第四。调查发现，随着消费升级与市场细分的深化，娃哈哈产品包装缺少一致和鲜明的风格特点，而且消费者对饮料的忠诚度逐渐降低。如何用营销手段更好的迎合消费者是娃哈哈新市场环境下发展亟待解决的问题。

娃哈哈意识到，随着互联网时代的到来、新媒体产业的发展、经济水平的提高以及消费者意识的提升，从前在传统媒体中单一的硬广投放的广告运营模式已经无法让娃哈哈保持品牌知名度和美誉度。娃哈哈需要顺应时代发展要求，探索新的品牌传播与营销模式以应对外界的变化与挑战。

三、具体做法

面对环境变化和新技术发展，娃哈哈在秉承“健康你我他，欢乐千万家”品牌核心的基础上，不断尝试与探索品牌传播的技术和模式，可归纳总结为品牌协同化传播（2009—2013年）、多渠道多维度品牌互动（2013—2015年）、多赢营销生态（2015年至今）三个阶段。

（一）借势卫视“大品牌”平台，实现品牌协同化传播

2009年，祖国迎来60年华诞，娃哈哈联合江西卫视，冠名并共同打造了《中国红歌会》，开启娃哈哈品牌推广的新方向。这场以“中国人的可乐，中国人的红歌”为主题的大型歌唱比赛历时3个月，借助红歌会的选拔活动，娃哈哈在全国13个市场共配合电视台录制开展红歌会海选139场，自行组织开展地面海选活动201场；活动共有15515人报名参赛，活动直接参与人数逾12万人；主流视频网站共上传视频698个，张贴海报

46万张，散发传单125万份，投放电视广告941条，投放优酷视频广告530万次。

传统广告片投放推广，侧重于产品功能与卖点的宣传，品牌缺少个性与形象内涵，虽然通过短时间大面积投入可以获得市场的快速认可，然而消费者与品牌缺少有效连接，随着竞争品牌的日趋增多，通过广告推送获得的品牌认知便会逐渐消弭。而对电视节目的冠名，其实是一种品牌借势另一种品牌发展的模式，并在活动的进程中形成品牌与消费者的无形链接，对于冠名品牌来说，不再是只有功能属性的商品，而是拥有拟人化形象的品牌，《中国红歌会》进一步强化了非常可乐“中国人自己的可乐”及娃哈哈民族品牌的形象。这也是娃哈哈通过一档节目，将卫视广告、线下平面广告、线下品牌营销活动和互联网广告进行整合营销的首次尝试。

随后，娃哈哈开始尝试与各卫视平台合作，并以与各卫视的大IP内容（具有制作投入多、社会关注度高等特点的节目内容）合作为主，背靠卫视平台的品牌优势，塑造娃哈哈“民族品牌”、“大企业品牌”形象。

2012年、2013年，又分别与江苏卫视、浙江卫视、湖南卫视等多家星级卫视合作，以品牌冠名等身份参与到《非诚勿扰》《中国好声音》《中国梦想秀》《我是歌手》等超级IP综艺节目中，结合不同节目内容，在全国开展“启力梦想秀”“民间好歌声”“格瓦斯我是歌手·挑战赛”等线下品牌互动活动，通过娃哈哈地面活动选出的优秀选手有机会登上卫视舞台圆梦。娃哈哈以此方式将单一卫视节目冠名这种纯输出的品牌传播方式进一步拓展为与消费者有交流的品牌互动营销方式，让消费者充分体会娃哈哈“欢乐千万家”的品牌核心内涵。并在依托于“大品牌”平台的基础上，整合多种营销方式，使得品牌传播过程系统化、一体化，从而实现品牌协同化传播。

（二）多渠道多维度品牌互动，彰显年轻化品牌主张

快消品市场呈现年轻化及消费人群低龄化的特点，提醒娃哈哈在品牌战略的引导下，推动品牌年轻化主张，并逐步实行以产品品牌带动公司品牌发展的品牌策略，以产品品牌为首要落脚点，全角度渗透塑造娃哈哈品牌年轻化和个性化的实现，让“健康欢乐”的品牌定位深入消费者内心。

与市场环境同步发生变化的还有媒介环境的变化。一方面，投放广告

的渠道逐渐转向新媒体，报纸及杂志等纸媒在城市的覆盖率和影响力都在不断下降；得益于私家车的普及和网络广播的发展，广播覆盖率呈上升趋势；随着移动上网成本的降低，观看网络视频的人数呈大幅上升趋势。另一方面，新的广告方式不断涌现，广告的影响力依然不容忽视，这一特征在年轻人和高端市场的表现更为明显。网络视频广告、植入广告、品牌冠名广告的到达率和信任度增长率均超20%。

基于调研情况并结合娃哈哈品牌年轻化的主张，2014 年开始，娃哈哈进一步扩大渠道合作，选择年轻消费者更喜欢的媒介接收组合模式，综合运用传统媒体与新媒体、公关活动与公益活动、促销活动互动与瓶身互动等方式，开展线上线下整合营销，尤其注重选择年轻消费者喜爱的优质 IP 形象，通过借力 IP 元素授权、优质 IP 后续孵化、深耕转化 IP 粉丝等形式，用年轻化的产品语言与消费者对话，全面优化及年轻化娃哈哈品牌形象。

在广告传播方面，娃哈哈采用更为贴近年轻群体的植入式广告，通过为年轻类综艺节目冠名、在年轻人群关注的热门影视剧产品植入等方式，强化品牌的“温暖感”与年轻气息塑造，拉近品牌与消费者的距离。《北上广依然相信爱情》是娃哈哈涉足品牌内容营销以来最出色的剧目之一，剧中植入深度情节 18 场，道具 62 场，总植入时长超 3600 秒，在该片的曝光度位居所有植入品牌之首。娃哈哈利用《北上广依然相信爱情》剧中多维度、多层次的品牌植入，将品牌与剧集进行了紧密联系，加深了观众的品牌印象。该项目也获得了第九届中国广告主金远奖金奖这一殊荣，并申报了第十五届大中华区艾菲奖。

在公共传播方面，娃哈哈通过包装形象升级、买一瓶捐一分的公益“筑巢行动”，引起媒体的注意与报道，使品牌得到更多的关注与认可，塑造良好的品牌形象，提升品牌竞争力。

（三）开放瓶标资源，共建多赢营销生态

随着移动互联网与消费者生活的日益密切，催生出多种多样的营销方式。2015 年，娃哈哈集团开始迈进“互联网 +”品牌营销阶段，成立了自媒体科室，以更贴近年轻消费群体的语言与传播方式与消费者对话。同时寻求突破创新，尝试将产品瓶身标签作为媒介资源和流量的入口，以

“共联、共舞、共赢、共享”为品牌合作理念，与合作伙伴共建品牌形象，将促销传播手段与新媒体平台创新融合，并在平台载体下共建多赢营销生态。

娃哈哈集团2015年初成立娃哈哈自媒体运营中心，并设立了娃哈哈微信公众号、新浪微博账号等自媒体运营平台。同年，“二维码”登上了娃哈哈的瓶身标签，自媒体运营中心通过引导消费者扫描二维码，关注娃哈哈公众号，定期向消费者发布品牌信息，并通过留言系统及互动小游戏等内容与消费者展开互动，强化与消费者交流互动，增进与消费者之间的情感，承载品牌价值。

随着产品在全国市场的销售，通过扫码关注娃哈哈自媒体公众号的人数呈明显上升趋势，这让娃哈哈看到瓶身资源在推广品牌方面的潜力。娃哈哈每年产品销量可达300亿瓶，以1%～2%的粉丝转化率计算，预计年销量可带来3亿～6亿次的实际扫码消费人次。可以说每一瓶参与扫码互动活动的娃哈哈饮品就是一个移动的广告，对于合作的商户品牌而言，是增加其对外宣传推广的新载体、新窗口。开放瓶身资源，以覆盖了亿万人群的瓶身媒介为基础，为万物互联、人人互联提供了一个宽广的平台，这或许是一个扩大娃哈哈品牌影响力，同时可与合作伙伴共赢的品牌建设模式。

2015年，娃哈哈开始启动多维度跨界营销计划。娃哈哈与同程旅游网合作，开启“亲爱的一起去旅行”揭标赢奖活动，消费者只需买一瓶营养快线就可参与抽奖，而且瓶瓶有奖，此活动持续半年，累计920万人参与扫码，成功领取到线上奖品的消费者超过1000万人次，娃哈哈与同程旅游在产品销量与品牌建设方面同时达到了双赢的效果；2016年8月娃哈哈携手京东钱包，为消费者送红包，消费者只要扫描产品瓶身二维码，首次参与活动均可获得2～10元的随机红包一个，相当于饮料免费喝，活动进行期间累计4091万人参与，扫码5532万次，发放3400万个红包，共计1.71亿元，印上“京东钱包”的活动装产品营养快线、娃哈哈乳酸菌、娃哈哈AD钙奶比去年同期增长5%，京东金融app的下载量则超过1200万。

通过与同程旅游、途牛网、京东钱包、腾讯理财通等品牌的陆续合作，娃哈哈初步试水了线下资源与线上广告置换、瓶身资源与流量价值互换两种瓶身资源开放合作的方式，为娃哈哈带来了与消费者的良好互动，也给合作伙伴带去了预想的收获。但合作模式也带来了一定的问题与挑战，售后服务信息显示，合作产品的投诉量也有一定程度的上涨。为了保证瓶身资源的优质利用，实现流量价值提升与品牌形象提升的双重目标，需要对合作模式施行专业管理，进一步优化合作与内部管理过程。

为了改善消费者体验，维护好娃哈哈品牌形象，娃哈哈针对瓶身资源合作提出了产品瓶身资源合作的四大原则：一是优选活动内容。返利消费者为第一原则；二是优选合作伙伴。避免与食品饮料产品相冲突或联想较差的伙伴，选择品牌知名度与美誉度双高的合作伙伴；三是最高程度简化参与流程。消费者从扫码到完成参与的时间不超过 3 分钟；四是强调产品设计整体性。印在瓶身的活动内容，不能影响产品整体呈现的美观度。基于产品瓶身资源合作原则，娃哈哈设立了产品瓶身资源合作刊例定价，对适宜产品、标签面积等内容进行了明确规定，以保证开放瓶身资源合作的同时不影响产品设计美感与消费者体验。

2016 年 4 月 18 日，娃哈哈成立娃哈哈赋礼网络科技有限公司，创建福礼惠平台，开始正式尝试 OAO 新营销，开启娃哈哈瓶身资源与其他品牌的互动共建模式。娃哈哈每年线下销售的大流量及可覆盖全国的销售体系，让娃哈哈瓶身成为便携移动广告牌，而福礼惠平台便是专业负责将娃哈哈瓶身资源进行流量置换与流量变现的入口。娃哈哈通过福礼惠平台，实现了买娃哈哈产品可以得到多种其他产品优惠的可能，一方面促进娃哈哈产品的销售，另一方面让消费者认识其他的产品品牌，此外，还能让消费者获得多于一瓶饮料的更多优惠。另外，将瓶身资源作为营销新载体，不仅成本低且可控，而且通过后台实时监测消费者的扫码及兑奖情况并进行数据分析，还可以真实了解活动的营销效果，及时优化和调整后续活动方案。

2016 年年末，娃哈哈逐步将旗下全系列产品进行瓶身资源置换，牵手 237 家品牌商户开展“码上有钱，扫一扫人人有奖”大型活动，联合跨界品牌，让每一位消费者从一瓶饮料中不但获得美味，还可参与趣味互动、赢取奖品等更多体验，打造消费者与多品牌共建多赢的品牌营销生态圈。

经过三次创新发展，娃哈哈品牌传播的主要手段演变为影视剧植入与IP授权、“码上有奖”瓶身二维码扫描送福礼、超级IP冠名线上线下联合品牌推广等。娃哈哈输出品牌的方式也逐步从传统的媒体行业，向旅游平台、音乐平台、影视平台等行业拓展，娃哈哈的身份也从广告主变为广告主和广告发布方融合身份，以包容而共赢的姿态应对新时代消费环境的挑战。

四、下一步工作思路

今后娃哈哈集团将继续坚持推进品牌培育管理体系建设工作，试点工作进一步延伸到娃哈哈在全国的分公司，成立各分公司品牌培育小组，形成从点到面的品牌培育格局，树立完整全面的娃哈哈品牌观，进一步提升集团品牌培育水平。以品质保证为基础，提升组织管理、人才建设、研发创新等内在素质，夯实品牌发展基础，并借助营销传播把能力优势转化为可被顾客感知的品牌价值。

专家点评

变革创新是推动人类社会向前发展的根本动力。谁排斥变革，谁拒绝创新，谁就会落后于时代，谁就会被历史淘汰。互联网的发展、新媒体的兴起、消费者需求的多元化，推动着品牌传播进入全新阶段，传播主体由单一转向多元、信息传递由灌输转向互动、表现形式由扁平转向立体……应时而动，顺势而为。娃哈哈紧随时代变化，勇于自我革命、自我革新，从广告主变为广告主和广告发布方融合身份，创新开发一系列顺应时代特征并契合内部发展的品牌营销手段，冠名卫视节目、与卫视合推节目、植入式广告、开放瓶标资源，联手合作伙伴共建共赢营销生态，多渠道多维度全方位地传播品牌，在时代发展的潮流中不断发展壮大。

以大师技能评定之道促品牌价值提升

——上海亚振家具有限公司

家具行业产品同质化现象极为严重，唯有把产品做优、做精才能突破这一困局。做到这一点，除了要拥有必备的先进设备，更需要有一批拥有精湛技艺的员工。亚振家具深谙高技能员工的重要性，认为一线员工的技术水平是亚振产品质量和艺术性的灵魂所在。

为打造一支高素质、高水平的技术工人队伍，亚振家具提出了“大师技能评定”这一创新性举措，通过开展员工技术等级评定，建立中高级技师和工艺大师培养通道，铺设推进“高端定制”服务、增加品牌生命力和产品附加值的路径。

一、企业概况

上海亚振家具有限公司（以下简称“亚振家具”）始于1985年，成立于1992年，是集家具设计研发、生产制造、营销以及家居文化研究于一体的综合性企业。目前，亚振拥有亚振A-Zenith品牌与亚振·利维亚品牌、亚振定制品牌。产品定位高端，以为消费者提供精致尚雅生活方式与海派艺术家居情怀而闻名。

现已在全国范围内拥有近200家品牌形象店。从国际会议中心到人民大会堂，从国宾馆到中意设计交流中心，再到连续四届世博会合作伙伴……作为中国海派艺术家居领军品牌的A-Zenith亚振成为接见国内外贵宾的尊选家居。

二、案例背景

在市场需求和价格飙升的催生下，大大小小的家具企业如雨后春笋般涌出，中国家具行业呈现供大于求、产品同质化的特点，进入了一种“群雄割据”的格局。

面对这样的市场环境，为确保在竞争日益激烈的市场中脱颖而出，2013 年，亚振家具决定立项高端定制产品，提高亚振家具原有定制系统的层次，拉开与同类产品距离，实施产品差异化战略。实现这一目标，需要一支技术过硬的人才队伍，目前的人员结构还存在一定差距。

三、具体做法

为落实差异化战略，亚振家具提出“大师认定”技能评定这一创新性举措，开展员工技术等级评定，培育和提拔技师、工艺大师，打造高素质、高水平人才队伍，为推进“高端定制”服务奠定基础。

（一）建立技能评定组织机制

“大师认定”技能评定由人事行政中心牵头，质量技术中心、制造管理中心参与，各部门职责如下：

人事行政中心负责受理和组织等级评定工作，基于题库命制试卷并参与评分，属地人力资源部负责提供当事人的日常评定数据资料。

质量技术中心负责试题库建设，制定实际操作的考核评定标准，并参与考核与评分，质保部和技术部负责参与评分。

制造管理中心负责准备考核工器具、物品、材料等必备物资，并参与评分。

为了更好地开展技能评定工作，亚振还专门成立了技能评定小组，人员配置如图 1 所示。

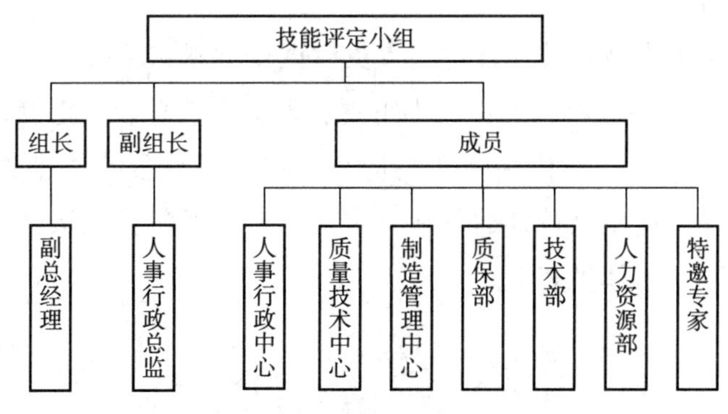

图 1　技能评定小组组成

（二）确定参与评定的基本条件

1. 基本资格

严格遵循企业的各项规章制度，爱岗敬业，在同事中享有较高的威望，能够以身作则、积极向其他员工传授专业技能，确保技能团队的梯队化建设。

2. 从业时间

中级技师：从业时间10年或者企业工龄5年以上者，或本科以上学历在公司工龄二年以上者，或大专以上学历在公司工龄三年以上者；

高级技师：从业时间15年或者企业工龄10年以上者；

工艺大师：从业时间20年或者企业工龄15年以上者。

3. 作业绩效

总出勤天数达到公司当年标准天数的98%以上。

中级技师：工资小时标准在申报岗位工种的前40%；

高级技师：工资小时标准在申报岗位工种的前10%；

工艺大师：不作要求。

（三）制定并实施技师技能标准

为了提升技能评定的客观性和含金量，亚振家具针对不同类别的工种制定了技能标准：木工类、雕刻类、油漆类，沙发类。以木工类技师技能标准为例进行介绍。

可参与木工类技师技能评定的人员有两个要求：（1）符合基本条件；（2）从事的工作为配料、细作、小组立、大组立、总装、定制、样品制作的工作人员。技能标准包括应知与应会两类，各项要求按照级别依次递进，高级技师包括中级技师的各项要求，工艺大师包括中级技师、高级技师的各项要求，具体见表1。

表1　木工类技师技能标准表

级别	应知	应会
中级技师	1. 材料类别、特性、用途、价值； 2. 机械（机台）、工具能加工的功能方法； 3. 生产用辅料的正确用途； 4. 工件加工顺序流程； 5. 工件（产品）加工的质量标准及问题的处理方法流程； 6. 零件、部件产品的结构原理； 7. 零件、部件加工协调性。	1. 根据制作要求，利用基本机械操作，独立完成常规产品； 2. 正确使用和修理各种手工工具和维护木工机械； 3. 能进行复杂榫接的划线、制作、拼装； 4. 根据图纸制作木制产品模型； 5. 能独立完成柜类或椅类的制作； 6. 能按质量要求检查产品是否存在缺陷； 7. 对常见形状、尺寸、结构的缺陷进行修复及处理； 8. 能写出所制作产品工艺流程。
高级技师（在中级技师应知、应会要求上递进）	1. 工时定额测量方法、材料定额测量方法； 2. 指导低级别技工的工作流程。	1. 能看懂各种木制品的设计图纸并能够绘制翻样图与大图样； 2. 按照图纸计算工程量的大小、编制材料使用量计划和人工成本； 3. 根据设计要求，对复杂榫接点进行榫结构设计； 4. 能制作有特殊要求的各种手工工具； 5. 根据图纸要求制作比较复杂的木制产品模型； 6. 能独立完成柜类和椅类的制作； 7. 按质量要求检查成品是否存在制作缺陷及材质、纹理、色差等问题，并能检查成品与后道工序衔接存在的问题； 8. 能对各种缺陷进行整修； 9. 能对制作项目进行质量评定并制定出纠正、预防措施； 10. 能写出所制作产品的工艺流程及工艺参数。
工艺大师（在高级技师应知、应会要求上递进）	1. 产品功能尺寸的设计； 2. 花形纹理的文化内涵。	1. 能研发新产品并能够按照产品的要求编制材种选用方案及各种工具、设备、材料的计划； 2. 能按照人体功能学设计产品功能尺寸； 3. 能参照图片等生产资料，对产品比例进行设计； 4. 能编制相关的培训教材并能够定期对各级技工进行专业理论和技能的培训； 5. 能应用新材料对产品的工艺进行改进； 6. 能撰写专业论文。

（四）制定评定程序

符合基本条件的人员于每年6月份进行等级评定，步骤如下：

1. 资格审查。评定前人力资源部负责对申请人员进行基本条件、工龄及绩效等审查。

2. 公示通过资格审查的人员名单。

3. 公示无异议的员工择期进行实践和理论等级的测评。测评主要包括理论知识考试和实际操作技能考核，满分均为100分。理论考试主要为所属工种的相关理论知识、操作规程、质量标准、安全常识等；理论成绩达到60分以上的人员方可参加实践考核。

（五）评定后的在岗津贴及晋升

技能评定之后，员工获得的不仅仅是一份证书，公司还加大了对各级技师的补助，让员工从评定中获得更多的经济收益与价值体现，以提升员工对技能培养的积极性。目前初步拟定为每12个月评定1次，每3年进行复评，每年进行基础条件的复核，3年内2次基础条件复核未通过的人员则取消等级职称。

四、实施效果

亚振于2013年下半年组织策划并实施亚振首届技师技能等级评定工作。通过技能评定，亚振在多个方面取得了显著成效：一是企业进一步摸清了生产一线员工的人力资源配置状况，了解了当前企业人力资源的优势和缺点所在，便于日后更合理地安排工作任务，更好地提高人力资本的利用率；二是员工对自身能力的客观认知更加清晰，有利于制造公平竞争的环境，员工会更加积极地去提升自己的工作能力；三是极大地调动了员工把技术学深、学精的积极性；四是为员工提供了新的晋升通道，利于留住人才，为企业发展储备充足的技术力量；五是通过技能评定选拔出的优秀人才进入高端定制人才库，为高级定制服务打下了坚实的基础。

五、下一步工作思路

第一，建立更加科学、更加完善的品牌规划战略。未来品牌战略体系将建立在对家具/家居行业趋势、家具/家居市场动态、目标人群分析、竞争者品牌策略、社会环境、自身优劣势的分析等基础之上，用数据说话，通过对数据和客观情况的严谨分析，结合 A-Z 品牌理念、家居文化研究以及对市场一定的专业预见性，制定科学、系统、全面的品牌战略发展、执行、管理规划。

第二，推进高端定制服务。继续加大对专业人才的培养，打造高端定制产品设计加工和服务能力，为亚振家具的高端客户打造专属的、富有艺术独特性的家具。标准化高端定制营销方式，让每一件高级定制的家具超越产品表层的含义，转化为集实用与审美为一体的艺术品，从源头上提升品牌的附加值，增加市场溢价率。

专家点评

随着我国经济快速发展和产业转型升级步伐的加快，技术工人数量短缺和结构性问题日益突出。缺乏技能导向的激励机制是导致用工荒的主要原因。2018 年 3 月，中共中央办公厅、国务院办公厅印发了《关于提高技术工人待遇的意见》，明确提出要构建技能形成与提升体系，支持技术工人凭技能提高待遇，强化评价、使用和激励工作，畅通技术工人成长成才通道。亚振家具走在了前面，2013 年，亚振家具就探索构建“大师技能评定”制度，针对不同类别的工种制定了技能标准，建立从中级技师到高级技师再到工艺大师的通道，将工艺大师培育制度化、规划化，为推进“高端定制”服务、实施差异化战略、提升品牌附加值奠定坚实基础。

聚焦顾客感知　铸就“阳光”品牌

——江苏阳光集团有限公司

江苏阳光集团有限公司经历三十多年发展，从最初一个县毛纺厂的乡镇企业，逐步发展成为全球最大的精毛纺生产企业。集团公司依据竞争环境特征，不断弥补短板，培育企业的核心竞争力，使阳光集团始终处于市场发展的领先地位。特别是在转型发展的新阶段，公司意识到，顾客的认可是市场检验的试金石，只有了解顾客、忠实顾客、体贴顾客，才能赢得顾客对企业的回报，因此，集团公司秉承“追求完美品质，带给顾客惊喜”的营销理念，深度挖掘细分消费市场、关注顾客需求，最大化整合公司资源与技术，在营销全过程建立、维护、升华与顾客的关系，提升了顾客满意度和忠诚度，把“阳光人生，时尚生活”的理念深深植根消费者。

一、企业概况

江苏阳光集团有限公司（以下简称“阳光集团”）成立于1986年，是国家重点企业集团和国家技术创新示范企业，拥有员工16000人，形成了年产3500万米精纺呢绒、350万套服装的生产能力，精毛纺面料全程生产量世界第一。2007年，国际标准化组织/纺织品技术委员会（ISO/TC38）国际秘书处落户阳光，成为国内首家承担国际标准化组织秘书处工作的企业。

阳光集团坚持走“质量兴企”之路，将质量作为巩固品牌、强化品牌、支撑品牌、提升品牌的核心内容来抓。2016年，阳光集团品牌价值达到193亿元。企业品牌包括三大内容：一是商务风格新经典系列Sunshine（阳光时尚），定位于生活方式品牌，以时尚顾问的身份融入到都市商务及公务男女的生活中，引领他们穿出年轻、时尚、专业的自我风格。二是贵族化的时装系列威尼帝，定位于私人高级订制顶级品牌，旨在推广国际名品、树立高品位的经营理念、创造真正的自然时尚。三是时装化的职业装系列POMPEI（庞贝），定位于高档职业装品牌，采用意大利和日本品牌服装的管理、工艺、板型，将世界流行精纺面料与专业定型技术有机地融为一体。

二、案例背景

阳光集团20世纪90年代初开始进入服装产业，形成“阳光”牌西服、“庞贝”牌职业装，主要服务金融、电力、检察、法院、公安、航空、电信、海关、商检、铁路等系统，为各单位的定点设计和生产厂家。2008年左右开始进军终端消费者市场，致力于为28～35岁都市商务男女提供具有现代感的商务新风格服饰，“阳光时尚”品牌孕育而生。经过两年发展，阳光时尚品牌虽然取得了一定程度发展，但在职业属性和都市白领的服装风格、品牌情感、品牌文化上还存在较大差异，急需强化顾客关系管理，把握目标顾客品牌情感、心理需求、服饰要求。

三、具体做法

阳光集团将建立和维护顾客关系作为品牌建设工作的重点，把顾客关系管理融入营销网络实务过程（见图1），通过市场调研确定目标顾客群及其利益诉求，通过市场推广让顾客全方位了解阳光品牌，通过投诉机制和顾客满意度调查机制监测顾客反馈，满足并超越顾客需求与期望，提高顾客的忠诚度。

（一）确定顾客群与细分市场

阳光集团制定市场定位工作程序（见图2），细化工作流程，建立市场调查机制，科学确定目标顾客群与目标市场。

在产品定位上，公司基于行业发展趋势，将阳光时尚品牌服饰作为主攻方向。主要顾客群定位于有稳定收入的中青年消费群体。在销售渠道选择上，根据市场特征、市场规模、市场成长及竞争态势，公司确定以服装专卖店作为渗透市场的主渠道，辅以电子商务予以补充。在区域市场选择上，根据各区域市场细分的结果，公司将华东、沿海及北上广等大中型城市和地区确定为核心市场，将华北、华南确定为重点市场，西区为一般市场。

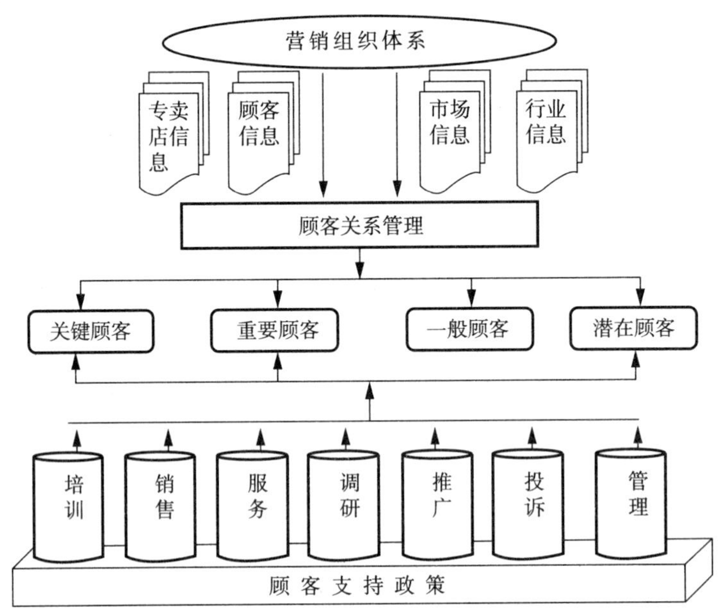

图 1　顾客关系管理示意图

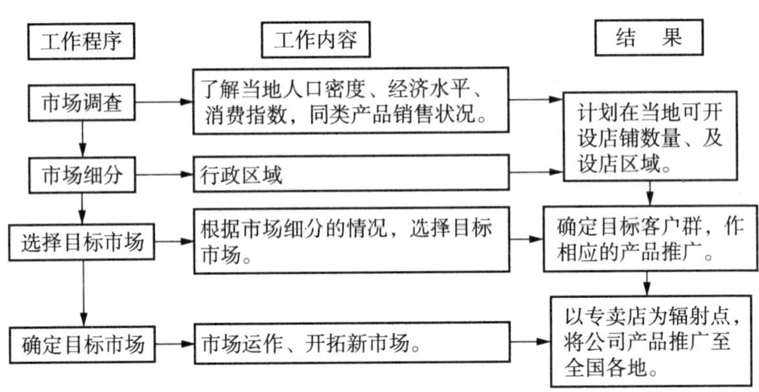

图 2　市场定位程序示意图

（二）调研关键顾客需求和期望，确定品牌形象

公司将顾客分为最终消费者和中间商，建立针对性的调查方法和调查点，通过各种观察、倾听、体验、营销分析方法从内部、外部和专业调研三个方面来收集和分析顾客需求信息，如表 1 所示。

表1　顾客需求与期望调查方法表

顾客分类		调查方法	需求与期望调查点
最终消费者		观察法、访谈法、销售分析、投诉、满意度调查问卷	颜色、质地、价格、包装、规格、购买的方便性，促销活动
中间商	加盟商	访谈法、座谈会、满意度调查问卷	利润空间、供货及时度、产品特色
	专卖店	观察法、随机抽查法、销售趋势分析	价格、购买的方便性，促销活动反应
	电子商务	注册统计分析、交易分析、进入与退出分析	利润空间、供货及时度、图片与实体产品的匹配度

在顾客利益诉求基础上，结合企业基因、竞争趋势、消费洞察、品牌现状等各方因素，确立了阳光品牌的“高端、尊贵、典雅”的品牌定位，形成 S’Group 品牌形象，（见图 3）。

图 3　“阳光时尚”S 族群图示

（三）推广品牌形象与文化，提升顾客品牌认同感

阳光集团积极引进品牌传播方式，开展“全方位、立体式、广覆盖”的营销，依靠“秀”和“引”将阳光文化逐渐根植于人们心中（见图 4）。

（四）建立完善的顾客投诉管理机制

阳光集团建立完善顾客投诉处理响应机制（见图 5）。对于顾客投诉，公司一方面积极受理和处理，根据投诉类型、投诉问题进行调查分析，制订针对性的解决方案，并经顾客确认方案后组织实施，直至顾客满意；另一方面，组织内部相关部门进行全方位的分析梳理，研究顾客投诉原因，反思工作中存在的问题，并持续加以改进，促进公司品牌管理工作上台阶。

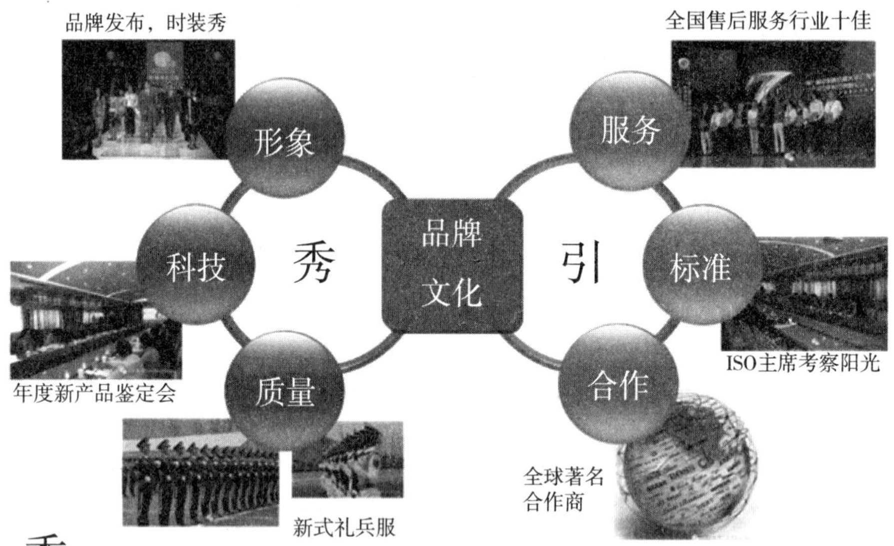

秀，是展示，通过形象秀、科技秀、质量秀将文化以实体形式推向群体，埋下品牌的“种子”。

引，是吸引目光，通过服务、标准、合作将潜在顾客拉过来，进而品牌“生根，发芽”。

图4　品牌文化传播

（五）构建有效的品牌危机处理机制

阳光集团遵循“和谐第一、尽快处理，本地参与、就地协调，及时报告、信息畅通”的基本原则，建立品牌危机事件响应机制，组建了由公司副总经理担任组长的品牌危机管理小组，负责制定和审核品牌危机处理方案，识别品牌危机风险点，开展危机处理，维护与社会公众的良好互动关系。

1. 加强品牌舆论监测，实行品牌危机预警

公司建立了舆论信息监测系统，由专门人员及时收集相关信息并加以分析、研究和处理，查漏补缺，全面清晰地预测各种品牌危机情况，及早发现和捕捉品牌危机征兆。

2. 建立快速反应机制，加强品牌危机公关

在品牌危机管理小组的领导下，对监测到的可能发生或者已经发生的品牌危机事件，迅速启动品牌危机事件应急预案，必要时聘请专业的危机公关公司协助。

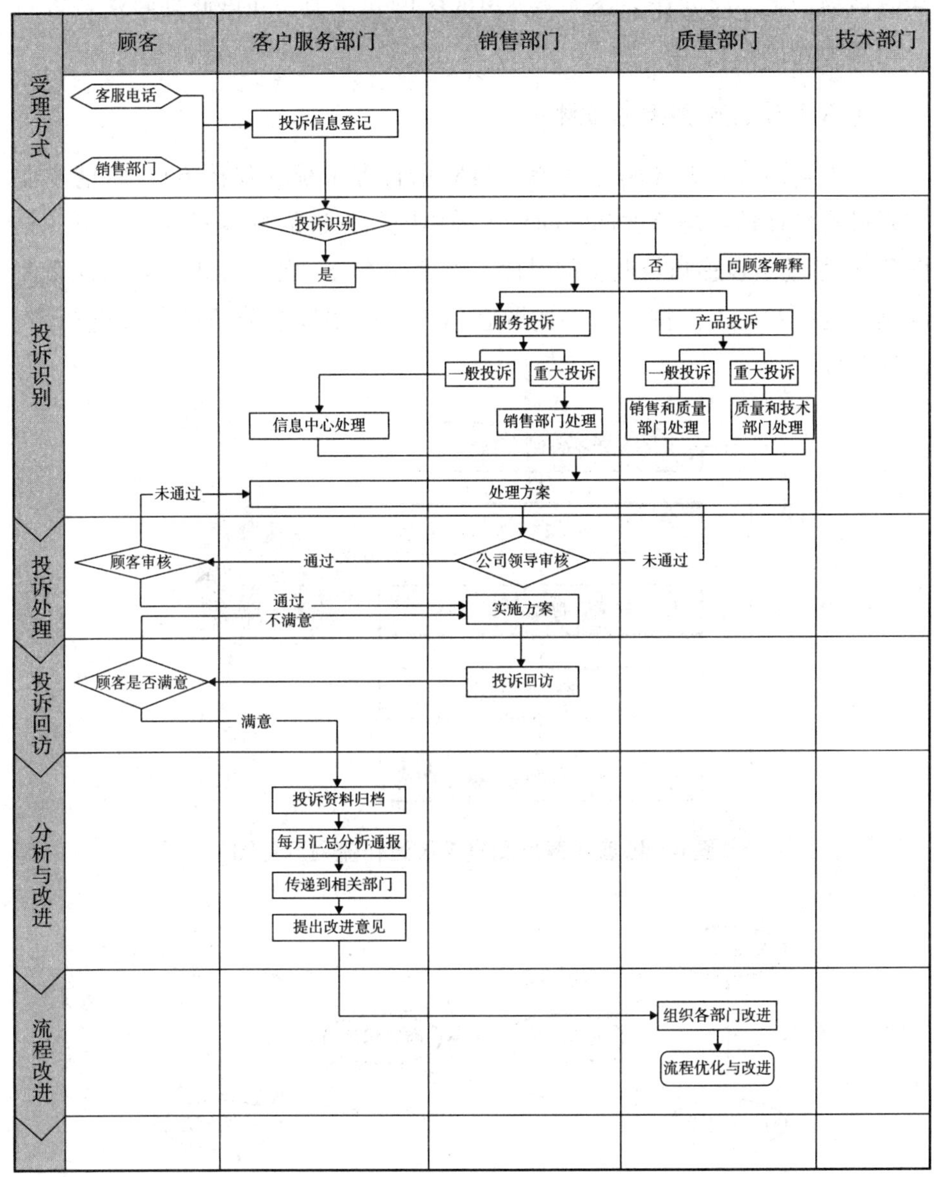

图 5　顾客投诉处理程序

3. 建立事件通报制度，提高公司危机转化能力

公司建立了新闻发言人制度。一旦发生重大品牌危机事件，及时召集相关媒体召开新闻发布会，向社会通报造成品牌事件的原因、处理结果及

后续举措，第一时间让公众了解公司的态度和作为，并借此恢复消费者对公司品牌的信心。

（六）开展顾客满意度测量

阳光集团建立顾客满意度测量与应用管理系统（见图6），聘请专业调查机构设计顾客满意度调查问卷，采用国际先进的顾客满意度模型（见图7），通过顾客感知与期望的对比、顾客对本公司的满意度与对其他企业的满意度的对比，挖掘出更多的顾客信息，根据调查分析结果改进产品、改进服务。

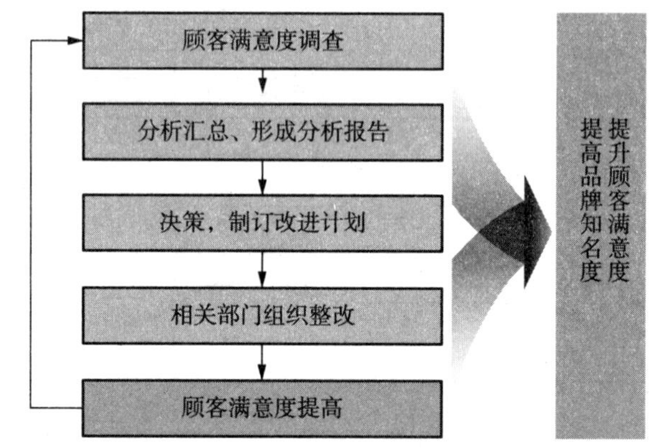

图6　顾客满意度测量系统运作流程示意图

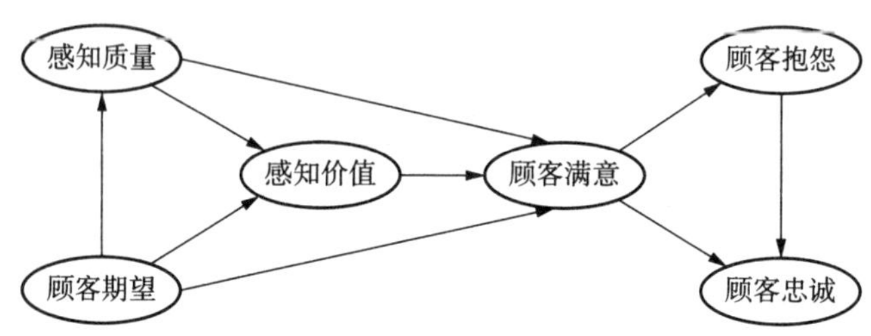

图7　ASCI 顾客满意度模型

四、实施效果

阳光集团聚焦顾客感知，加强对目标顾客的识别和管理，传播品牌文化，关注顾客反馈，顾客满意度稳步提升，顾客抱怨明显下降

（见图8）。顾客对品牌的时尚感更加认同，认为服饰风格更趋向于年轻化、个性化，刻板的职业化风格印象逐渐淡化。阳光时尚品牌销售规模从原来的50家不断攀升，最多时加盟商、直营店升至近300家。直营店进驻各大省会城市核心商业大厦，加盟店分布于一线、二线城市主要商业街区。

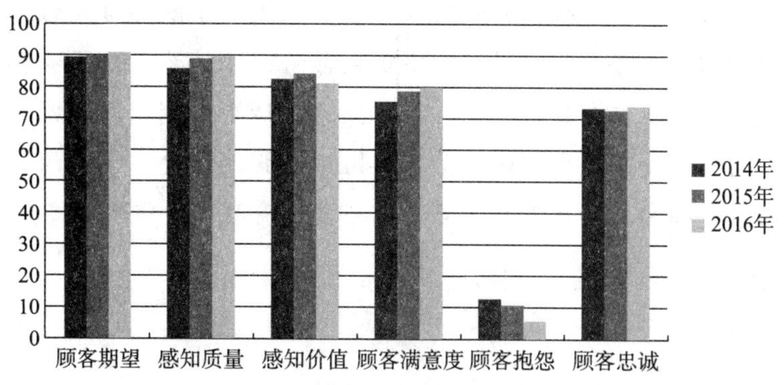

图8　顾客满意调查总体情况

五、下一步工作思路

阳光集团作为时尚品牌的新兴者，将继续加强品牌培育建设。一是加强对品牌加盟商的运营监管力度。对比加盟商、直营店的顾客满意调查结果，直营店在顾客满意、顾客抱怨、顾客忠诚三项指标均显著优于加盟商。进一步调查发现加盟商销售人员在品牌宣传、品牌情感传达、品牌理念营销方面还存在不足，品牌经营监管部门将加大对品牌加盟商的运营监管力度，执行定期与不定期监察制度。二是进一步延伸顾客群体。调查显示，“阳光时尚”品牌30岁之前顾客仅占10%左右，此年龄段人员是阳光品牌的真空段，考虑将毕业季大学生作为阳光时尚品牌潜在顾客群体加以开发，将品牌延伸至毕业季学生入职服饰。开展“新形式的全民创业”，与高校进行合作，在全国高校中寻求学生、学生团体作为合作伙伴，为毕业季学生提供服饰或行为礼仪辅导，为毕业季学生提供首套入职服饰定制，将个人订制向新兴顾客群推广。

专家点评

品牌建设过程就是消费者关系的建立过程，从无到有、由远及近。“聚焦顾客感知，增强阳光品牌黏性”，阳光集团深刻领会并实施品牌缔造规律。对顾客群进行细致分析和选择，多渠道深入了解关键顾客需求和期望，绘制“阳光时尚”S族群图，建立完善的顾客关系管理系统和顾客投诉管理机制、品牌应急处理机制、顾客满意度调查机制，围绕顾客感知展开一系列动作，使消费者深深感知 Sunshine 品牌的温度。辛勤的培育带来丰厚的回报，顾客感知质量和满意度不断提升，品牌价值逐年提高。

品牌形象管理助力晨光再上新台阶

——上海晨光文具股份有限公司

文具行业属于典型的“小产品、大市场”，目前国内拥有约1500亿的市场规模，不及全球市场的10%，这意味着国内市场还有很大的发展空间，找到顾客的需求点并迅速占领市场是晨光等文具厂商的重要任务。随着收入水平和消费能力的提升，人们的消费观念在改变，对文具产品衍生出品牌化、创意化、个性化和高端化的需求，同时文具消费终端连锁化、多样化的特征在加强，新兴渠道与业态悄然形成。经过近三十年的发展，晨光文具已成为文具行业“自主品牌+内需市场”的领跑者，依托其深厚的产品设计研发能力、规模化制造以及渠道终端覆盖广等优势，已在消费者心目中建立了良好的品牌认知。面对新形势，晨光文具自2012年开始以“实施品牌战略、提升品牌价值”为主题导入了品牌培育管理体系，确立了以消费需求为中心，以产品力、渠道力、服务力三者合力的品牌力为驱动，以提升晨光在消费者心目中的形象为抓手，全力推进品牌形象管理，全面提升产品质感，绽放晨光品牌魅力，助力晨光更好更快地发展。

一、企业概况

上海晨光文具股份有限公司（以下简称“晨光文具”），总部位于中国上海，拥有占地为350亩的工业园区。园区以“全能工厂”理念建立世界一流文具制造基地，拥有全流程生产车间、行业领先的模具工程和设备研发中心，中国制笔工业基地、中国制笔中心均落户于此。晨光文具以“伙伴天下”的营销战略，在中国建立了行业内最具规模优势的营销网络，产品覆盖50多个国家和地区，合作伙伴遍及全球。截止2017年12月31日，公司已拥有4大类，50多个品项，超过5000款品种的文具产品系列，产品线的广度和深度均位居国内前列。

晨光文具是一家整合创意价值与服务优势，倡导时尚文具生活方式，提供学习和工作场景解决方案的综合文具供应商，主要从事晨光品牌书写工具、学生文具、办公文具等产品的设计、研发、制造和销售。它时刻践行着“真诚、专注、协作、共赢”的企业核心价值观，以贯通中西的审美视角，汲取世界先进的文具设计理念，保持自身产品功能与设计的领先地位。同时，晨光文具通过高效整合原料、技术、资本、市场、人才和创意等重要的全球资源，真诚地向世界传播着晨光的产品创意、品牌理念和企业文化。

二、案例背景

近年来，国内文具行业增速持续放缓，国际品牌大举进入并且动作频频，直逼国内文具市场腹地。国内文具行业多以中小企业为主，市场集中度低，产品同质化现象较为严重，竞争集中在低端，品牌意识不强。另外，随着科学技术的不断进步，电子化办公、网络学习、网络存储等已经比较普遍，明显的影响人们对文具产品的消费，对传统文具行业造成一定冲击。各因素综合在一起使得行业现存的劣势在文具消费升级的大势中被无限放大。

面对这样的大背景，晨光文具以品牌培育为契机，发挥晨光在研发制造、营销创新、渠道建设、以及零售业态探索等方面的优势，以提升晨光在消费者心目中的形象为抓手，全面提升产品质感，创造更高的品牌价值，立志成为消费者广泛认知、高度认可和备受青睐的文具品牌，引领整个文具行业的发展。晨光文具清晰认识到，形象是晨光品牌资产极重要的内容，对品牌形象的整合和规范化管理是关乎到晨光生死存亡的系统工程。

（一）品牌形象对晨光文具的重要性

晨光品牌形象是晨光文具品牌资产的重要部分，是晨光文具的灵魂，引领晨光所有的产品、服务以及将来的所有业务。良好的品牌形象将跨越媒体、超脱时空，具备情感穿透力，得到客户的忠诚度。它促使顾客有购买需求时，给别人推荐时，脑海里的第一反应就是晨光文具，是人心之所向的顶级品牌，带动我们的销售变得更加容易、更加令人渴望、更加水到渠成。

（二）晨光文具品牌形象 SWOT 分析

为了更好地启动渠道品牌形象升级工程，晨光文具用 SWOT 工具详细的分析了现状（见图 1）：

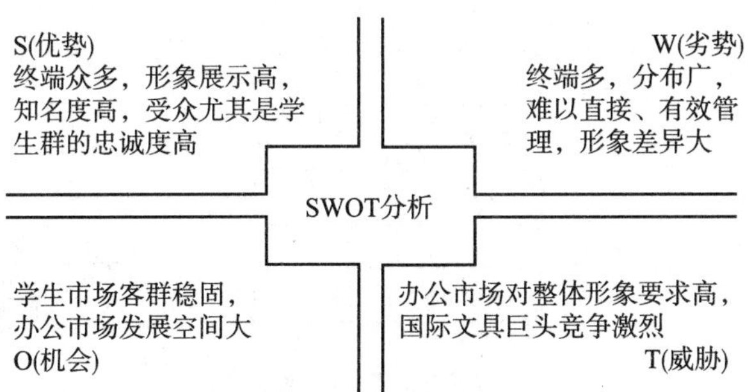

图 1　晨光文具 SWOT 分析

在此基础上进一步梳理晨光文具品牌形象存在的具体问题，分析问题原因以及可能的对策（见表 1），多措并举来规范和提升晨光文具品牌形象。

表 1　品牌形象现存问题与对策

现存问题描述	对策
全国众多店面（含线上）形象不统一	店面形象统一管理
不同场景下Ⅵ运用不规范	严格、规范使用Ⅵ
管理权限界定不清，多头管理与无管理	界定权责，定期考核
形象认知固定在校边店——低端	重点终端店面提升
终端形象固化在学生文具	专业形象打造及异业合作

三、具体做法

（一）制定颁布《晨光文具品牌形象使用管理办法》

品牌形象的使用场景包括行政与商务、公共环境、产品、销售渠道、宣传推广、会议活动等等能加深晨光文具品牌印象的场所，为解决形象不统一、运用不规范问题，晨光制定《晨光文具品牌形象使用管理办法》。晨光品牌形象使用管理是以具体“事”（品牌形象元素统一性、规范性管理）为核心内容，落实到专门的“人”（通过组织体系推进实施），明确“权”（职责范围和权力设定），构建集服务体系、监管机制为一体的管理体系，确保形成统一、规范、有质感的品牌形象。据此建立品牌使用管理的组织架构与沟通路径（见图2）。

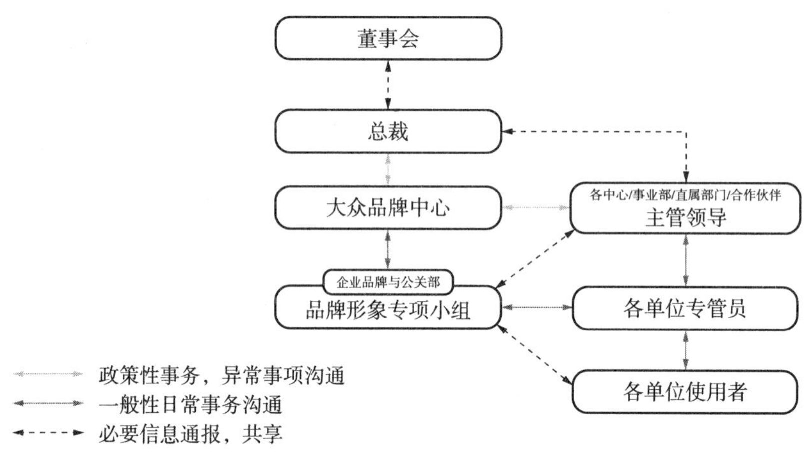

图2　品牌形象使用管理组织架构与沟通路径图

办法对各中心、事业部、直属部门、合作伙伴对品牌的使用权责进行清晰界定划分，并在各使用单位增加品牌形象专管员，以便统一规范管理。专管员由各业务单位主管领导指派或筛选，也可由现有人员兼任。然后通过培训和考核，确保其具备管理能力。专管员需要配合总部品牌管理部门进行品牌形象使用管理的相关工作。

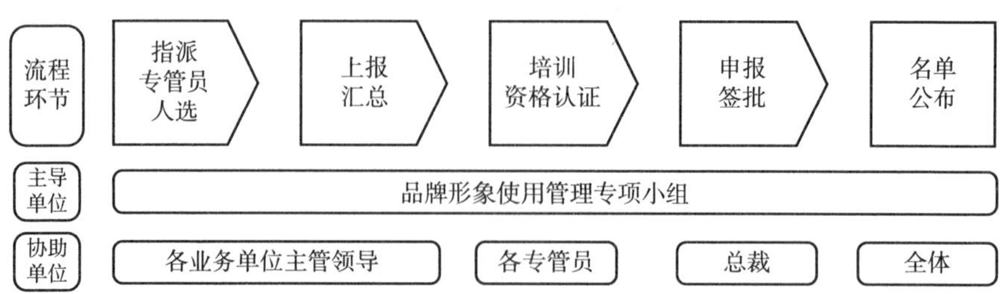

图3　品牌使用管理专岗体系建立流程

专管员选派的条件包括：一是热爱公司，有责任心，认同晨光文具品牌理念、价值观；二是具备一定的美术基础和审美能力，沟通能力强；三是熟悉本单位与品牌形象使用管理相关的工作内容。

（二）总部园区品牌形象整改

整改工作自2016年3月开始，品牌管理专项小组经过三次统核、三次审计、制作信息卡、拍摄取样、对比供应商报价、排版制作、排期安装、查漏补做等一系列流程，涉及八个中心部门、9个分厂和20余类内容，共计1488项。在整改过程中，品牌管理小组系统整理品牌形象使用过程出现的各种问题，归纳并分析问题原因，形成了可传阅的整改报告。目前总部品牌形象使用已初步完成全面的整改，基本实现了晨光文具公司园区品牌形象使用的统一性和规范性。

（三）终端形象管理提升

晨光文具从硬件和软件两个方面对二代加盟店、晨光生活馆3A店、专业店、线上店等终端进行统一规范，建立店面整改7天法则，提升终端形象。

1. 终端形象基本规则

（1）硬件规范要点

- 布局–购物动线：足够宽度、避免拐弯、笔直通行、照明灯光类型及标准。
- 陈列：对门店人员进行商品陈列技能培训。
- 形象：吊旗、吊牌、帷幔、灯箱海报等合理的运用。
- 道具：根据总部统一设计的标准货柜，进行货架改造。

（2）软件规范要点

- 商品配置：商品标准配置表、A类商品必备清单、月单制度。
- 品类推广：大篷车、小篷车、门店促销专柜、促销展架、地推活动等。
- 团队建设：员工岗位职责、收银岗操作指南、团队激励政策。
- 门店日常作业流程与标准：做到“分工清晰、标准规范”。

（3）店面整改7天法则

由董事长、总裁及高管团队组成全国巡查组对全国终端进行巡店行动，将终端形象、店面陈列等品牌形象的内容作为重点进行检查，并要求不合规格的店面在7天内进行整改，复查时中重点查看整改效果。

2. 二代加盟店形象提升

随着国内消费理念从理性向情感转化，消费者目前更看重的是购物体验。而现有门店形象及装修氛围较为规整，缺乏设计感和生动性，色彩单一，与当前消费观升级的趋势明显不相融合。通过现场调研、研究并借鉴其他业态形象的装修，晨光文具制定了全新的硬装、道具、广告、陈列及工程管理手册，模块化设计，在统一之中赋予各个门店变化，在实现快速批量化生产和组装的基础上统一店面的形象，提升二代加盟店的形象和质量（见图4）。

改造前

改造后

图4　店面改造前后对比系列

3. 打造场景化零售终端

消费者在场景空间中的体验，直接决定着消费者在零售终端的停留时间。晨光文具重磅打造“晨光生活馆”和“九木杂物社”，通过场景化的空间营造打造独一无二的购物情境。

“晨光生活馆”针对学生和年轻消费者，提供精品文具，是产品的孵化基地和试验田。思考的是在渠道端，实现文具业态的快速百搭，根据不同终端类型及经营现状，解决实际的经营痛点，为终端伙伴提供问题诊断、店铺设计、组品方案、场景陈列、营运支持、资源共享的一站式零售解决方案，实现文具店的全面改造升级，为用户提供良好的购物体验及消费需求。

图 5　晨光生活馆例图

“九木杂物社”主打精品小百货，做精品杂物店，针对 15～35 岁的女性，满足消费升级带来的文创产品的消费需求，以“搜罗全球好物，只为实用美学”为品牌主旨，致力于打造全球精品杂货买手。是集品牌、选品、销售为一体的践行者，是晨光战略升级的桥头堡。截止 2017 年年底，九木杂物社在上海、南京、无锡、苏州、南通等 5 个城市拥有 25 家直营门店。

图 6　九木杂物社例图

4. 专业店

（1）晨光专业办公店：是晨光针对办公市场设置的专业办公终端，主要面对办公人群，为办公白领提供一站式办公文具解决方案（见图7）。

图7　专业办公店例图

（2）儿童美术会员店：以美术、益智及创意类文具为切入点，以“让我们的孩子更快乐、更聪明”为使命，激发创意、智造欢乐、陪伴成长，为3～14岁儿童提供成长解决方案（见图8）。

图8　儿童美术会员店例图

5. 线上平台店面形象管理

晨光文具线上渠道包括1＋2＋N：1个B2C品牌官网、2家主流平台直营店铺和N家线上分销店铺。针对线上分销店铺，晨光文具在线上标准授权1000家门店，通过品牌授权、整店装修输出、经营技能培训、联合推广等纳入统一店铺形象管理，强化了晨光文具对线上渠道的管控和形象的统一（见图9）。

图9　线上平台店面形象管理统一管理化

（四）市场推广活动形象打造

晨光文具在市场推广活动中也重视品牌形象的打造和提升，以 2016 考试传播季为例。晨光在 2016 年 3～8 月推出主题为“再坚持一下，我在大学等你!”的整合传播活动，通过视频、海报和 H5 等方式多维度展现品牌主张，在公共车、候车亭、配送中心 4S 店、大篷车、终端店等渠道进行展示和投放，形成系列化传播（见图 10）。线下 5 城联动，进行为期 2 个月的公共车投放（3 条线路 * 3 辆车）、28 天的候车亭投放（合计 190 个）。线上开展为期 14 天的 QQ 投放，包括客户端（pc + mob）、空间（pc + mob）、音乐、新闻（mob）；组织 8 个微信公众号、17 个微博账号进行意见领袖（KOL）投放，形成口碑影响和二次传播。网络总体曝光量达 4 亿以上，自媒体曝光量 190 万人次；视频播放量 77 万次，点击量总量 156 万人次；H5 游戏浏览量 20 万次，参与人数 7 万人次。

图10　宣传推广系列图

四、实施效果

（一）经营业绩

2017 年公司交出一份满意答卷，全年实现营业收入 63.57 亿元，同比增长 36.35%，归属于上市公司股东的净利润 6.34 亿元，同比增长 28.63%。截至 2017 年 12 月 31 日，公司在全国拥有 31 家一级（省级）合作伙伴，超过 1200 个城市的二、三级合作伙伴，“晨光系”零售终端超过 7.5 万家。公司营销渠道和终端质量持续得到提升，进一步巩固和扩大了市场份额。

新业务方面，晨光生活馆在全国完成 173 家终端布局，线上渠道实现京东、天猫、亚马逊、1 号店和苏宁 POP 店等多平台稳定发展。线上渠道有效授权店铺达到 1000 家，拓展了销售渠道，提升了市场占有率。线上产品开发形成新的运营模式，推出多款互联网创意产品，市场反应热烈。

（二）消费者品牌认知

零点研究咨询集团的最新调研报告显示，晨光文具保持良好的品牌健康度，并在行业内保持领先地位。具体数据如下：品牌第一提及率为 72.2%，高出第二品牌 60.5 个百分点；品牌认知深度为 95.3%，高出第二品牌 34 个百分点；品牌认知广度为 99.8%，高出第二品牌 9.1 个百分点；品牌忠诚度为 74.9%，高出第二品牌 63.9 个百分点；品牌美誉度为 72.4%，高出第二品牌 62.3 个百分点；品牌推荐度为 70.7%，高出第二品牌 60.3 个百分点。

五、下一步工作思路

导入品牌培育体系已经有几年的时间，晨光文具享受到了品牌化带来的好处，并且深刻意识到，设计端和营销端是微笑曲线中附加值为高的两个领域。因此晨光将在不断增强自身设计能力的基础上加强品牌形象的管理。晨光文具将通过以下几方面展开下一步的工作：

1. 继续提升品牌形象，增强品牌价值

根据前期的经验和“互联网 +”的时代背景特征，有针对性的进一步完善品牌形象管理办法，多措并举的推进品牌形象整改、品牌培育和孵化，加大品牌合作力度和形式，提升晨光品牌价值。比如推出“走进晨光”系列活动，让企业、高校等近距离接近晨光，促进交流合作。

2. 打造中国第一文具品牌（群）

在品牌培育体系管理架构下，根据公司战略，以“多品牌、强产品、全渠道”，全面建设中国第一文具品牌群，尤其在精品文创市场，完成精品文创品牌的布局。从书写工具、学习辅类、办公用品、纸品本册、美术画材和礼品套装等领域着手，在晨光母品牌的引领下，设置多个子品牌，通用产品与定制化产品双重着手，促进企业产品对市场的全面覆盖。

3. 多措并举，拓宽消费者品牌接触

聚焦和深耕渠道，加大各级渠道的优化升级，增强渠道竞争优势，提升晨光文具市场占有率，实现可持续发展。比如举办书展和阅读活动等宣传活动，在现场开展特色文创产品展示、知名作家签售、书法绘画比赛等主题特色活动，让消费者感受阅读的魅力、晨光的魅力，从而增强品牌的名誉度和知名度，提高消费者的忠诚度。

专家点评

在文具行业“小产品大市场”的格局之下，品牌形象是打造优质品牌的一个关键点。晨光文具在文具行业面临无纸化办公环境、消费者需求升级、国际品牌进驻的挑战时，沉着应对，以提升晨光品牌形象为切入点，充分发挥晨光在研发制造、营销创新、渠道建设、以及零售业态探索等方面的优势，创造更高的品牌价值。晨光文具将品牌形象提升作为一个系统工程去展开，部署颁布品牌形象使用管理办法、整改总部园区品牌形象、加强终端形象管理、整合市场推广活动、转化升级产品用途等一系列组合拳，取得明显效果，经营业绩和消费者认知双双提升，树立了品牌形象升级带动企业发展的典范。

创新品牌推广模式　开启经营新常态

——浙江洁丽雅纺织集团有限公司

浙江洁丽雅纺织集团有限公司是一家主要从事毛巾系列产品设计、生产和销售的大型制造业企业。公司高度重视品牌培育，面对同质化严重的市场环境，如何使优质产品脱颖而出，如何使企业产品优势传递到消费者眼前并迅速形成有效供给，成为洁丽雅品牌培育最重要的创新方向。

经过不断探索，洁丽雅开创了国内第一家以毛巾为主题的“高端家纺巾品营销体验终端”品牌体验中心和品牌文化博物馆，探索创建集借势传播、内容营销、多屏联动于一体的品牌推广模式，开启经营新常态，获得了高速发展，为同行业树立了品牌建设的典范。

一、企业概况

浙江洁丽雅纺织集团有限公司（以下简称“洁丽雅”）始创于1986年，总部位于浙江省诸暨市。历经三十多年的发展，集团总资产已达40多亿元，形成以浙江诸暨为总部，以湖北、新疆为基地，集纺纱、染整、织造、营销、物流于一体，拥有80000多家商超终端网点，销售覆盖全国及至欧盟部分国家的一家家纺行业专业集团公司。

洁丽雅在“一带一路”国家战略引领下，积极响应中央“产业援疆”号召，从2011年开始巨资投向全国最优质的长绒棉产区——新疆阿拉尔市，打造新疆现代化产业基地。新疆产业基地占地面积约2500亩，总投资35亿元，有力地提升了洁丽雅品牌产品品质，持续增强了市场竞争力。下一步洁丽雅将以新疆产业基地为枢纽，通过“新欧亚大陆桥”，促进洁丽雅品牌向国际市场阔步迈进。

二、案例背景

洁丽雅的品牌培育历程可分为四个阶段：第一阶段为品牌创建阶段。1996 年“洁丽雅”品牌正式注册，从此结束了代加工企业经营模式，走向自主品牌建设之路；第二阶段为品牌形成阶段。从 1999 年开始实施品牌战略，先后荣获“中国名牌”和“中国驰名商标”荣誉；第三阶段为品牌快速提升阶段。从 2005 年开始，洁丽雅在毛巾行业首开先河，签约知名艺人徐静蕾和国家游泳队为形象代言人，并以电视媒体为主进行大规模硬广投放，使品牌知名度获得快速提升。

家纺行业毛巾细分领域市场虽然很大，但进入 2014 年后，同质化现象严重，低价竞争普遍存在，洁丽雅品牌虽然已获得较高的知名度，但品牌溢价能力也仍然无法充分显现。为此，洁丽雅决定推动品牌进入更高层次的第四阶段——体系创新阶段。

在对照《品牌培育管理体系实施指南》建立体系的过程中，洁丽雅分析发现，洁丽雅毛巾经过几年创新，产品已经有了一定的差异化，洁丽雅品牌毛巾已经成为毛巾行业的品牌标杆和质量标杆，理应获得市场认可和溢价回报，但由于忽视了企业产品品质的有力宣传，没有把消费者想了解的、想知道的品质差异、功能价值、放心购买和使用维护知识告诉消费者，与消费者产生了距离。为此，集团管理层经过市场调研，对品牌推广策略和模式进行了大胆创新和深度探索，即开设“高端家纺巾品营销体验终端”品牌体验中心和文化博览中心，将电视、电脑、手机、平板电脑、户外、报刊杂志等多种推广渠道进行有效整合和优化，创新品牌推广模式，开启了经营新常态。

三、具体做法

（一）打造毛巾行业高端品牌体验中心，挖掘用户价值

总投资 3800 多万元，营业面积达 1173 平方米，集产品展示、情景秀场和使用体验为一体的洁丽雅高端品牌体验中心应运而生。

洁丽雅品牌以引领“纯洁、瑰丽、高雅”的生活方式为使命。毛巾不仅是日常必不可少的洗护用品，也是一种高雅的软装文化。自然的、美丽

的、健康的、舒适的、高雅的都是打造用户价值的关键词。品牌体验中心以品牌文化理念为创新动力，以时尚生活方式为表演手法，以创造用户价值为终极目标，打造了十三个风格迥然不同的概念馆区，在行业内形成具有洁丽雅显著特色的产品体验终端模式。包括：中式典雅主题馆、SPA 主题馆、现代风主题馆、时尚女性主题馆、瑞士风格主题馆、古越文化主题馆、意大利后现代主题馆、田园风主题馆、日式主题馆、竹林风主题馆等。深入其中，让用户接受毛巾文化的浸润和洗礼，让用户感受毛巾卫浴用品是一种非常重要的家居软装文化，从而使毛巾系列产品的用户价值实现华丽绽放。

（二）打造首个毛巾行业品牌文化博物馆，展示品牌魅力

洁丽雅品牌文化博物馆，作为中国毛巾行业首个品牌文化博物馆，展现了中国毛巾行业的古往今来、源远流长、发展前景以及洁丽雅品牌的文化底蕴、发展历程和卓越成就。

洁丽雅品牌文化博物馆分上下二层，建筑面积达 5000 平方米，共设九大功能区，是集品牌文化、产品展示、实景体验、史料展览、大型秀场等多功能于一体的综合性博览馆。

洁丽雅品牌文化博物馆向世人展示数十年来“石”志不渝的创业历程，敢为人先、追求卓越的品牌理念和对未来“百年、百亿、百强”规划的无限憧憬。

在产品展厅，我们能看到匠心独运的产品创意和设计风格，精致别样的产品组合和包装方式，别具一格的陈列氛围和意境布置。同时展示了洁丽雅集团多品牌多品类发展之战略蓝图。

洁丽雅品牌文化博物馆已经成为中国家纺毛巾行业的一道亮丽的风景，也是当地政府的一张金名片，引来无数政府、行业领导、专家和消费者的参观，也成为当地一个重要的工业旅游景点。洁丽雅品牌通过品牌文化博物馆的展示宣传，口碑载道，传播无限。

（三）借势热门事件，扩大品牌影响力

洁丽雅充分借力国内及企业事件，扩大品牌影响力，提高企业驾驭事件能力。

1. 借力热点事件传播

2015 年，国务院布置全国人口抽样调查工作。上海市人口抽样调查用的纪念品毛巾共计 36 万盒 72 万条，全部由温州商人黄某造假洁丽雅毛巾提供，成为建国以来家纺行业第一造假售假大案，涉案金额高达561 万元。洁丽雅一边打假维权，一边联合“知识产权保护企业联盟”在中央电视台梅地亚中心召开案情通报会，邀请知名法律专家、学者举行知识产权保护论坛，引发中央电视台新闻频道、法制日报、中国检察报、人民日报论坛网、市场导报、中国工商报、中国纺织报等全国 300 多家媒体、网站争相报道。

2. 借力企业重大成就传播

2016 年，洁丽雅“产业援疆，打造万人就业工程”成果卓著，引起中央领导的重视并作出二次批示。同时引发国内权威新闻媒体对洁丽雅进行全国性的连续报道。《焦点访谈》专题“帮一带十　携手前行”报道洁丽雅“民族团结”建设成果。央视一套《新闻联播》以“洁丽雅：依托地方资源　带动群众就业”进行深度报道。同时新华社、光明日报等全国重要媒体对洁丽雅进行专题报道。

3. 借力体育热点传播

结合中国国家游泳队作为洁丽雅形象代言人的工作基础，在游泳世锦赛期间，策划“为中国游泳队加油”的宣传活动，请消费者用手写的加油语为游泳健将们加油助威，引发网络上 75 万网友的参与关注。

洁丽雅品牌通过紧跟热点事件和发展成就进行软性传播，达到低成本高效率的品牌传播效果，化解了当今电视媒体、互联网媒体高成本的硬广传播困局，开创了品牌传播的新模式，传播效果显著提高。

（四）强化传播内容，开启“多屏联动”

据全球领先的市场咨询机构 Millward Brown 发布的数据与媒体预测报告来看，中国已经进入“多屏时代”，消费者与媒介的接触渠道已经被相对均匀地分散到个人电脑、电视、平板设备和智能手机各个“屏幕”前，消费者对品牌的诉求也更多的体现在这些“屏幕”上。

在“多屏时代”，洁丽雅通过强化内容创意，借力公益传播，依靠大数据分析和第三方技术支持，建立起从品牌推广到终端销售的闭环，以深度融合的方式，获得新的销售增长点。

1. 加强内容创意，形成自觉传播

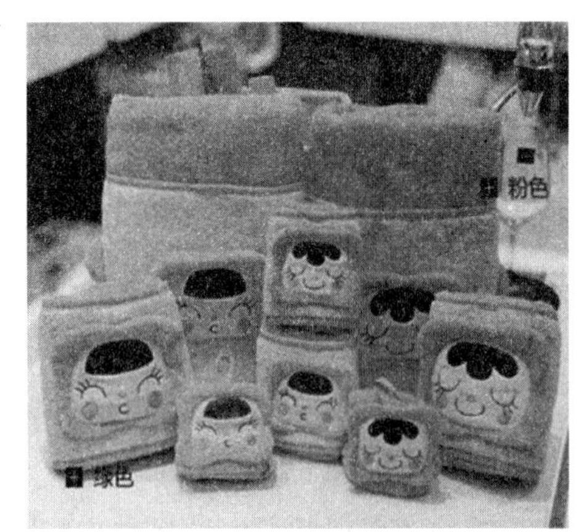

洁丽雅把毛巾从棉花到成品的制作过程通过漫画的形式表现出来，通过微博、微信、电商进行传递，并根据漫画原稿设计生产了萌态十足的棉花宝宝毛巾系列和毛巾卡通公仔，网友们通过转发漫画、参加棉花宝宝亲子故事创意等活动，了解到洁丽雅“用世界上最好的棉花做世界上最好的毛巾”的品牌理念，加深了受众群体对洁丽雅毛巾的品质印记。

在微信微博等自媒体营销中，摈弃以往单一的、硬性的品牌推广，针对毛巾、内裤、袜子产品的生活特性和女性消费群体的使用需求，以“您身边的靠谱生活家”为自媒体传播主旨，甄选一批权威的、有趣的、实用的健康资讯、职场资讯、家庭资讯等内容，结合洁丽雅的品牌信息，推送给消费者，让消费者容易接收并愿意去分享，形成自觉传播。

2. 借力公益传播，提升品牌美誉度

洁丽雅一直致力于参加公益活动，2012 年开展了“爱的能量圈”救助溺水儿童公益活动，2013 年赞助广州马拉松比赛，2014 年“用爱温暖渐冻的心”冰桶挑战公益行动，借公益话题通过各类新媒体传播，将品牌传播“去功利化”，更好地提升品牌美誉度。

3. 重大品牌活动“多屏联动”，传播效果显著

洁丽雅以企业“爱你就是爱自己”的爱文化为核心，策划“发现美”公益话题随手拍重大传播活动。以最为公众接收和喜爱的“随手拍”的方式，动员、鼓舞全社会参加正能量的传播。活动历时四个月，卫视黄金时段硬广、12000 块公交视频推广 90 天不间断展示、微博/微信宣传造势、天猫配套主题新品发布、线下终端促销同时启动，活动得到 16.9 万粉丝

的关注，收到参赛作品2050份，有50.2万人次参与投票。

在“发现美”公益话题随手拍传播活动中，天猫洁丽雅官方旗舰店，品牌关注人数较平时上涨61.9%，淘宝平台洁丽雅品牌搜索次数较活动前上涨49%，淘宝平台品牌成交额上涨40%，线下成交额上涨29.5%。该案例获得国内权威电商营销奖“金麦奖”银奖。

四、实施效果

洁丽雅通过开创国内第一家以毛巾为主题的“高端家纺巾品营销体验终端”品牌体验中心和品牌文化博物馆，创新品牌推广模式，开启经营新常态，效果显著。

2016年洁丽雅官方天猫旗舰店在“双十一”当日创下全网2000万元的销售记录，同比增长98%，行业销售排名第一。2017年1~6月网络公开的销售数据显示，洁丽雅品牌市场份额第一。洁丽雅品牌在2017年1~6月，唯品会销售额达到5128万元，同比增长570%。(见图1)

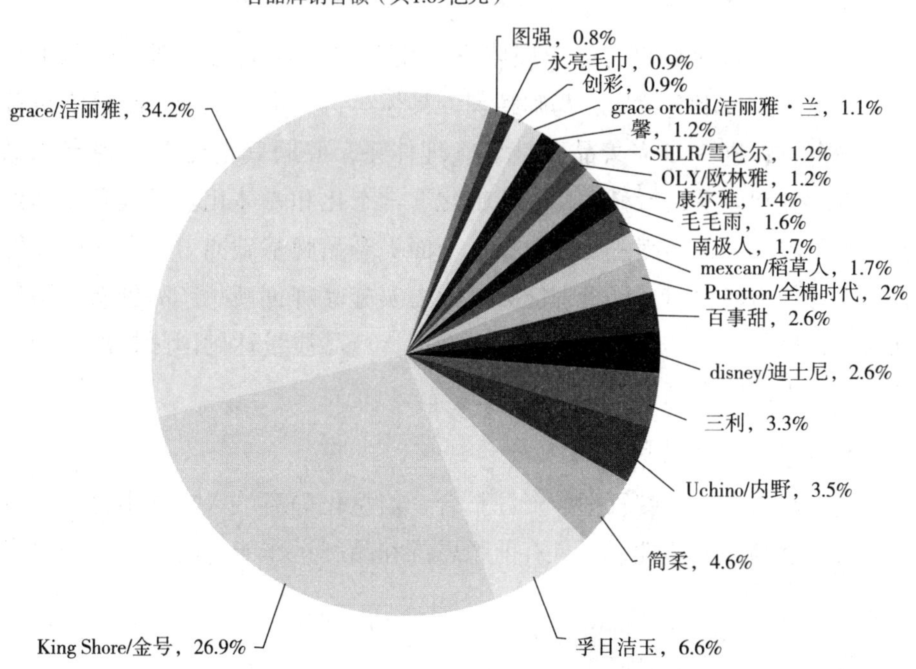

图1　2017年1~6月网络公开的销售数据

“洁丽雅品牌毛巾”连续九年获“全国市场同类产品销量领先”，2016年12月央视发布的“中国制造业自主品牌价值评价”榜单中，“洁丽雅”品牌以92.83亿元的品牌价值连续四年问鼎中国家纺行业。

五、下一步工作思路

1. 战略引领，快速拓展国内国际市场

在国内市场，坚持以“打造中国毛巾行业领导品牌”“做强品牌，做大市场”为战略目标，继续深入推进品牌发展战略，适时调整品牌培育规划，科学进行品牌定位，全面贯彻品牌终端落地方针。

在国际市场，以“打造国际洁丽雅”为目标，以“一带一路”国家战略为契机，以新疆产业基地为重要枢纽，以欧洲市场百家专卖店为商业模式，开发发达国家高端专卖渠道，加大品牌运作力度，逐步在国际上打响自主品牌，把洁丽雅培育成在国际市场上具有较大影响力和竞争力的世界级品牌。

2. 持续完善品牌培育管理体系，提升品牌运营能力

以《纺织行业品牌培育管理体系通用要求》标准为依据，以职责权限、资源配置、培育策划、基础管理、具体运行、推广提升、跟踪维护等方面为重点，进一步完善品牌培育管理体系，并同其他体系实现有机融合，真正做到体系运行科学化、标准化、常态化和一体化。以提升品牌价值、质量水平、顾客满意度为目标，全面提升品牌基础能力、品牌市场能力、品牌创新能力、品牌管理能力，大力实施品牌创新、产品创新、服务创新和管理创新，实现品牌价值再创新高，产品质量达到国际标准，顾客满意度和忠诚度大幅提升。

3. 推进品牌人才队伍建设

进一步加大对品牌管理、资源整合、信息化等高端人才的引进，建设一支忠诚度高、专业性强、具有前瞻思维和品牌运作能力的专业品牌培育队伍。

专家点评

“中国制造2025”实现制造业升级，其根本目的就是要改变中国制造业“大而不强”的现状。中国家纺行业也是一样，面对消费需求逐年增加以及庞大市场容量预期，如果企业没有一个清晰的品牌战略和有力的宣传引领，企业终将被竞争淘汰。

洁丽雅是家纺行业规模较大企业，在经济浪潮中历经30多年没有迷失方向，不忘初心，专心围绕毛巾做事业、做品牌，本案例选择品牌推广的一个片段，洁丽雅以“多屏联动”为重点，线上线下相结合，以传播洁丽雅产品优势及引领“纯洁、瑰丽、高雅”的生活方式为目标，做到了许多创新，对行业企业具有借鉴意义。线下，洁丽雅率先在行业内打造毛巾高端品牌体验中心，挖掘用户价值；建设中国毛巾行业首个品牌文化博物馆，展示毛巾的古往今来。线上，强化内容创意，借力热点事件，整合宣传资源和推广渠道，多屏联动，建立起从品牌推广到终端销售的闭环，取得了传播推广的效益最大化。

体验式营销模式创新打造大健康领导品牌

——漳州片仔癀药业股份有限公司

在现代市场竞争中，如何振兴老字号品牌，是我国老字号企业必须破解的一道难题。漳州片仔癀药业股份有限公司以歧黄文化传承片仔癀，以工匠精神发展片仔癀，以现代科技创新片仔癀。在公司总体战略的指导下，清晰地提出品牌战略及其管理目标，确定了将片仔癀打造成为大健康领域的领导品牌的品牌战略愿景，全面建设片仔癀品牌培育管理体系，特别是创新性地采用体验式营销服务模式，将“产品展示＋品牌传播＋产品推介＋现场体验”有机结合，直控终端，擦亮品牌，拓展品牌文化传播途径，改善消费者的购物体验，增强消费者的品牌忠诚度和产品满意度，实现市场与品牌互利互动循环，进而提升品牌影响力，助推公司快速发展。

一、企业概况

漳州片仔癀药业股份有限公司（以下简称“片仔癀”）是国家高新技术企业、中华老字号、国有控股上市公司，由其前身漳州制药厂于1999年12月改制创立。2003年6月，公司股票于上交所上市。公司现有股本6.03亿股，市值400亿～500亿元，拥有29家控股子公司、9家参股公司、5支产业基金，现有员工近2000名。

具有500年历史的片仔癀是公司独家生产的核心产品，意为一片即可退癀（癀是闽南语，意为热毒肿痛），因其疗效显著，极受民间欢迎，被奉为“镇宅之宝”，并随华人的足迹，声誉传遍全世界，并出口30多个国家和地区，连续20多年位居中成药外贸出口创汇单项品种第一名。“片仔癀”被列为国家一级中药保护品种；获得国家原产地标志认证；传统制作技艺列入国家级非物质文化遗产名录。

公司经营范围涉及中成药、保健食品、化妆品、日化品、医疗器械、现代医药物流等七大行业。2016 年，公司完成营收 23.09 亿元，同比增长 22.45%；归属母公司所有者净利润 5.36 亿元，同比增长 14.88%；上缴税收 3.83 亿元，同比增长 48%。

二、案例背景

中国老字号曾凭借深厚的历史文化价值、较高的品质和广泛的社会认同成为最具品牌价值的金字招牌。然而，随着市场经济、世界经济一体化以及新经济形式的不断涌现，老字号品牌发展步履维艰，从建国初期的 16000 余家，发展到如今已不足 1000 家，而具有一定品牌影响力和竞争力的老字号品牌不足 100 家。老字号品牌不断衰落的主要原因是品牌影响力的持续降低。因此，要振兴老字号企业，就必须在做强品牌上下功夫。

片仔癀药业长期以独家产品—片仔癀打入市场，消费群体主要集中在中、老年龄段，在北方和年轻一代人还有很大的发展潜力和空间，在销售、机制、战略等方面存在一定的短板：

1. 麝香原料稀缺

由于天然麝香属国家重点计划管理物资，人工养麝存在技术和管理上的困难，目前尚不能得到有效的解决，制约着公司的发展壮大。

2. 产品受众有限

认识片仔癀功效的人群主要集中在我国南方几个城市和香港及东南亚地区，消费群体主要集中在中、老年龄段，造成片仔癀销售区域受限，制约企业市场扩张和发展。

3. 产品单一

公司长期专注于片仔癀单一产品的销售，除主产品外，其他普通中成药所占市场份额比例小、竞争优势弱，导致企业发展受限存在瓶颈，产品销售严重“梗阻”。

4. 品牌传播不足

产品宣传力度不够，精准度不高。宣传上以口碑宣传为主，缺乏品牌战略建设途径，片仔癀销售很大程度上依赖国外市场，国内市场发展缓慢，以致出现“墙内开花墙外香”的情况。

5. 资本运作短板

企业发展离不开资本运作，但公司资本市场资源利用率较低，与行业发展的速度差距较大，制约着企业规模化发展。

虽然面临巨大的挑战，但漳州片仔癀药业也具有得天独厚的发展优势：

1. 较强影响力的品牌

片仔癀源于1555年明朝宫廷秘方，全世界独家生产，品牌名称、药品名称、商标名称以及股票简称一致，国家中药一级保护品种，中国中药名牌产品，通过国家原产地标记保护。

2. 功效独特的传统名优中成药

片仔癀是我公司独家生产的传统名优中成药，用于热毒血瘀所致急慢性病毒性肝炎，痈疽疔疮，无名肿毒，跌打损伤及各种炎症疗效显著，特别在治肝、抗癌、保健等方面独具特色，被称为“国宝名药”。近几年，随着对片仔癀作用机理的深入研究，片仔癀新疗效不断地开发出来，必将有利于进一步的市场拓展和品牌延伸。

3. 国家大力发展中医药行业

近年来，国家把“健康中国”上升到国家战略，并列入“十三五”战略规划，中医药行业已成为国家经济的支柱产业，国务院制定了中国未来十五年中医药发展规划纲要，相继出台了大力扶持中医药发展的政策，为中医药行业提供了前所未有的发展机遇。

基于上述背景，片仔癀从2015年年初起，突破原有营销模式、创新增长路径的需要，整合资本、技术、品牌、产品等优势，依据自身的优劣势和产品定位，借助社会力量，从全国经济发达的一线城市入手，逐步扩散到全国各省市地区，利用当地业界资本、人文、地利等资源，融合片仔癀的文化、技术、产品等，布局设立“片仔癀体验馆”。

三、具体做法

为全面提升片仔癀的品牌影响力，漳州片仔癀公司依据企业自身的优劣，布局实施体验式营销服务的创新模式，立足全国经济发达城市，建立“片仔癀体验馆”，增强终端客户对片仔癀的感性认识，增加品牌认知度的粘性，实现市场与品牌互利互动的循环发展。

（一）经营方式

体验馆采用“合作不合营”的方式，公司授权使用“片仔癀”品牌、允许销售片仔癀及片仔癀系列产品，合作方全权出资投入包括：店面租金、装修费用、人员工资等，自主经营，盈亏自负。在经营服务上，公司统一规定体验馆准入机制、装修标准和装修验收制度、员工培训标准程序、体验馆管理服务制度等，提供产品、培训等方面服务，不参与决策经营，由经营者自主经营。

1. 体验馆准入机制

合作方需提供人员资料、设立申请表、商业企划书，承诺：独立经营、自负盈亏、诚信守法、照章纳税，严格遵守体验馆装修规范，零售片仔癀系列产品并主动维护片仔癀品牌形象；相应片区业务经理就店面选址进行考察并提供考察报告。体验馆申请准入经相关测评、领导审批许可。片仔癀体验馆的各项投入较大，要求经营者，一要有较雄厚的经济实力；二要有广泛的人脉基础；三要有较丰富的经营经验。在选择经营者时，公司将以上述几点作为考核重点，确保“片仔癀体验馆”开设成功。

2. 体验馆装修标准和装修验收制度

在装修风格上，既要体现片仔癀“源于明宫廷”的高贵，又要体现“传承于闽南漳州”的特色的文化底蕴，将宫廷文化与地方特色有机结合，增强片仔癀视觉文化感观。要求片仔癀体验馆门面屋檐采用具有闽南特色的三重檐形式；正中牌匾字体为陈可冀院士书写“片仔癀体验馆”，牌匾四周回形纹金边装饰；体验馆门口采用立柱形式，对联竖牌匾；“片仔癀体验馆”牌匾两侧添加两块荣誉横匾，左侧为“福建三宝、国家级非物质文化遗产”，右侧为“中华老字号、蝉联国家质量金质奖”，彰显片仔癀近五百年的悠久历史、浓厚文化底蕴和获得的赞誉，无形中唤醒消费者对片仔癀品牌文化的认同感，提升品牌美誉度，为体验馆模式推广增加有效助力。

3. 体验馆员工培训标准程序

片仔癀培训人员通过讲授法、演示法、案例法、讨论法、视听法、角色扮演法等培训方法，针对片仔癀公司介绍、片仔癀品牌文化、荣誉等相关知识介绍、片仔癀及片仔癀系列产品的介绍（含案例介绍）、礼仪及销售技巧等内容进行培训。片仔癀制定规范统一的考核方式，定期对体验馆员工进行书面考试或口语表达测试，并将员工的书面试卷或口语表达测试影像进行建档、备查，留档在《体验馆员工入职培训记录表》《体验馆员工培训记录表》中，对未达标的员工进行再次培训和考核直至达标。

4. “片仔癀体验馆”管理服务制度

公司根据各体验馆业务情况，配比提供宣传物料、促销品等支持体验馆开展终端活动。开展不定期巡察，规范管理，帮助解决经营者遇到的问题和困难。定期开展价格维护市调工作，如体验馆被查出低价、串货现象，片仔癀将予以处罚，以维护市场价格秩序，保障消费者利益。每年召开一至二次全国片仔癀体验馆经销商大会，交流经验，提升赢利能力，进一步调动经营者的积极性，激发商业活力。

（二）布局设点

片仔癀系列产品市场定位高，消费主要为中高收入群体。从消费能力上考虑，适合在全国各地经济较发达地区的城市设点布局。

1. 科学布局

在一、二线的省会城市、重点城市，设立 1 ~ 2 家“片仔癀体验馆”，并“以点带面”向本地区城乡地区辐射，既有利于价格维护，杜绝“串货”，又保证经营者的经营空间，保证经营者的经营效益，提升经营者的经营积极性。

2. 合理设点

要保证片仔癀体验馆的成功，应在人流量较大的地方设点。在选址问题上，公司将片仔癀体验馆选址在名胜风景区、机场、文化街区或繁华的商业区，并在馆内设置文化展示区、产品展示区和体验区，使体验馆成为品牌传播的“桥头堡”。文化展示区设片仔癀灯箱、实物展示、标本、投影灯等，充分展示片仔癀品牌文化，有效地为顾客营造中医药文化的购物氛围；产品展示区展示着片仔癀及片仔癀系列产品，除了药品还有保健食品、功能性饮料、日化产品等，让顾客更加直观的感受片仔癀“一核两翼”大健康的产品体系；体验区有片仔癀系列产品供消费者体验，并提供平板电脑、“智能机器人”和终端触摸刷屏机等现代智能设备，使信息传递保持良好的互动体验。通过巧妙的布局划分，文化展示区的文化熏陶、产品展示区的视觉传达、体验区的切身体验三者互为条件、相互依存，让顾客摆脱传统药店的单一购物形式，感受尊贵的 VIP 购物享受，唤起社会群体的消费欲，从而促进销售。

（三）功能设置

片仔癀体验馆集“四项功能”为一体，通过体验式营销服务，促进品牌价值和产品销售的同步提升。

1. 产品展示，唤起品牌的社会消费欲

体验馆通过合理的布置展示片仔癀产品，为消费者提供清晰明了的产品信息，增强消费者的注意力。特别是体验馆的“贵族气质”“闽南氛围”，突显品牌文化个性，给予消费者良好的情绪体验。通过建立产品补充、更新展示机制，给消费者以丰满、丰富的印象，刺激消费者的感观，进而激发购买欲望。

2. 故事传播，提升品牌的社会认知度

公司以近 500 年品牌历史、福建三宝、精品国药等为片仔癀品牌文化主线，向消费者阐述品牌故事，引起心灵共鸣，触动内心情感。通过品牌传播，使每位进店的消费者都能够了解片仔癀悠久历史文化，聆听片仔癀的品牌故事，感受中医药文化的精髓，使每位消费者都能成为片仔癀中医药品牌文化传播的使者，将片仔癀品牌文化传承、发展、发扬光大，增加品牌的社会渗透力。

3. 全面推介，展现品牌的立体形象

一是阐述片仔癀独特功效，展现公司与香港中文大学、北京佑安医院等一流科研单位合作场景，用现代医学语言诠释片仔癀功效的科研成果，体现片仔癀科研创新能力，指导消费者精准用药，打造品牌权威专业形象；二是宣传片仔癀可持续发展理念，向社会公众展示公司加强建设中药材基地的丰硕成果，讲述公司解决中药材安全性与有效性问题的经历，增强社会公众对品牌的认可度。三是讲解产品生产过程，突显公司对产品质量的严格管控，增强社会公众对品牌的信任度。

4. 现场体验，构筑顾客与品牌的心灵沟通平台

片仔癀以体验服务为导向，引入“店中医”模式，打造特色的高端顾

问式销售体验，提供一对一的服务、专业的用药指导、售后咨询服务等。设立的体验区让顾客在驻足小憩的同时体验片仔癀大健康产品，如化妆品、保健食品、功能性饮料等，切身感受片仔癀大健康发展带来的体验；通过系列电子产品的宣传方式，强化互动性、趣味性体验，实现信息有效传达（见图1）。

图1　片仔癀体验馆（部分）

四、实施效果

自2015年福建省武夷山内景区第一家片仔癀体验馆开馆以来，至今在全国已有近百家体验馆开馆营业，2016年，仅片仔癀体验馆就实现营收近2亿元，显示出片仔癀体验馆强大的品牌推广力、产品销售力，从而为公司的发展筑起具有片仔癀文化特色的产品销售渠道，受到业界的一致推崇和好评，申请开设体验馆的业界精英越来越多。

（一）品牌资产逐年增加

片仔癀品牌连续4年荣登胡润品牌榜，蝉联中国最有价值品牌500强、中国品牌价值500强、“健康中国”肝胆用药第一品牌，被评为2016中国自主品牌100佳。2016年以248.23亿元的品牌价值高居中华老字号品牌价值第3位，2017年以品牌价值298.19亿元位列《中国品牌价值500强》第101位，居《2017年中国最具竞争力品牌TOP10》（医药行业）第3位。

（二）经营业绩快速增长

从2015年起，公司进入快速增长期，企业营业总收入显著提高，以营收复合增长率为例，2008年～2014年仅为12.1%，2015年、2016年达到28.5%，增速高于国家中医药发展战略规划2倍以上，位居行业前列。2016年，公司完成营收23.09亿元，比增21.59%；实现净利润5.42亿元，比增16.08%；实现税收3.31亿元，比增16%，上缴税收3.83亿元，比增48%（见图2）。

2017年，前三个季度片仔癀药业营收、净利润年均复合增长率分别为37.51%和20.49%；实现营收27.45亿元，比增68.83%；实现利润总额7.72亿元，比增37.44%；实现净利润6.48亿元，比增35.05%；实现税收3.65亿元，比增39.12%（见图3）。

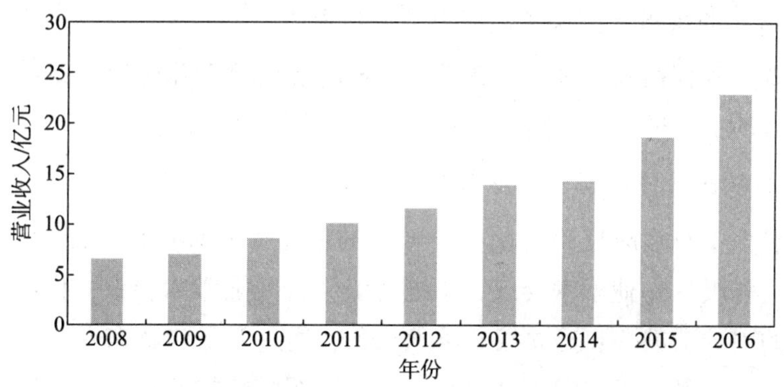

图2　2008年～2016年片仔癀药业营业收入情况

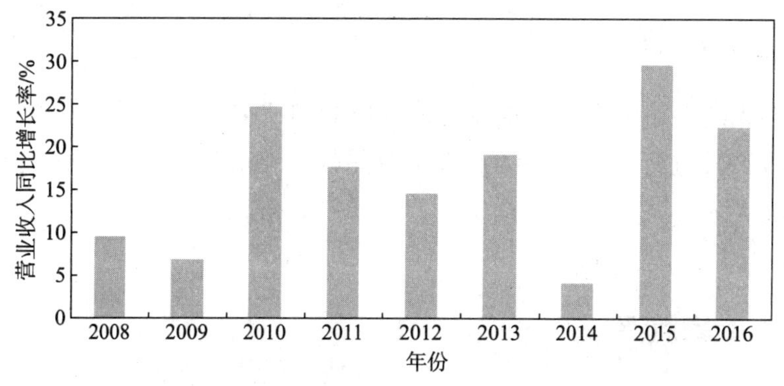

图3　2008年～2016年片仔癀药业营业收入同比增长率情况

五、下一步工作思路

为实现打造大健康领域领导品牌的目标，片仔癀下一步品牌发展的方向和措施如下：

1. 由单一品牌战略向多品牌战略转变

随着片仔癀的壮大发展，品牌面临风险，为此在大力推广母品牌的同时，培育子品牌。通过产品功效的不同进行差异化品牌定位，采取不同的品牌传播途径，开发不同产品的目标市场与目标人群。

2. 整合品牌传播资源

利用广告宣传 + 事件营销 + 新媒体传播 + 体验馆（终端建设 + 消费者体验）+ 售后服务，形成全方位的品牌传播合力。

3. 培养高端用户，成立高端用户俱乐部

建立“片仔癀高端客户生态圈”，通过组织健康养生游、新产品优先体验等活动，通过会员介绍引入新一批潜在高端消费群体。

4. 加强医药科技型企业形象塑造

开展多中心临床试验、挖掘产品新的临床学术观点，参加（国际级、国家级、省级）专业学术会议、承办各级学会专业学术会议，借助各级意见领袖的引导，进一步确立权威学术形象；通过大型“临床安全使用”公益培训、基层医疗机构学术会议等，向各级医疗机构临床专家、医生宣传企业实力、产品优势、临床应用等信息，进一步树立企业和主导产品品牌形象。

5. 提升品牌特质

为形成高端品牌定位，重点打造片仔癀的“名贵”特质，并把“保肝护肝”等特性进行强化，持续加大企业品牌文化的投入，使片仔癀高端品牌定位深入人心。

专家点评

作为一家老字号，片仔癀在发展中认识到，许多曾经的金字招牌不断衰落的原因是其品牌影响力的不断削弱，要想重新拾起老字号的影响力，必须围绕当前的形势制定符合实际的对策。片仔癀在分析外部环境及组织优劣势的基础上，将推进和实施体验式营销模式作为拓展品牌知名度、进军北方和年轻一代市场的切入点，立足经济发达城市，在全国布局集文化展示、产品展示、顾客体验于一体的“片仔癀体验馆”，改变重经营商服务为重终端消费者服务，将优质服务传递到终端消费者，增加品牌认知度的粘性，实现市场与品牌互利互动的循环发展。体验馆采用“授权经营不合营”的方式，充分发挥合作方的主观能动性，同时，通过制定体验馆准入机制、装修标准和装修验收制度、员工培训标准程序、体验馆管理服务制度等，保障品牌体验的规范化、标准化、统一化，降低品牌授权使用风险。片仔癀对体验式营销模式和品牌授权进行了有益的探索，为工业企业开拓体验经济提供了一个清晰可操作的范例。

品牌助力跨国并购　并购助推品牌发展

——中联重科股份有限公司

中联重科自成立以来，持续实施国际化发展战略，在全世界范围进行资源调配，建设布局海外研发、营销和售后服务网络，形成全球产品供应链，不断加大“走出去”步伐。经过17年的国际拓展，中联重科先后并购英国宝路捷、意大利CIFA、M-tec、荷兰Raxtar等优秀的海外制造企业，实现了研发制造、市场以及品牌的跨越式全球化发展，摸索出了一条并购发展的成功路径。

中联重科认为：企业根据自身并购战略选择合适的并购交易，是实现并购价值最大化从而达成后期品牌实力跃升的基础；符合全球市场规律、符合国际规则的并购实施方式是品牌在海外并购中获得最初认同、扩大国际影响力的有力保证；相互尊重、换位思考的文化融合是并购后实现顺利整合，让中国品牌真正“走进去”的前提条件；而整合后“本土化”的管理运营，则是决定中国品牌能否扎根海外“走上去”的关键核心要素。

一、企业概况

中联重科股份有限公司（以下简称“中联重科”）创立于1992年，主要从事工程机械、农业机械等高新技术装备的研发制造，主导产品覆盖9大类别、49个产品系列，800多个品种。中联重科注册资本达76.25亿元，先后在深港两地上市，成为业内首家A+H股上市公司。

经过20多年的创新发展，中联重科逐步成长为一家全球化企业，产品覆盖七大洲100余个国家和地区，远销中东、南美、非洲、东南亚、俄罗斯以及欧美、澳大利亚等高端市场。公司在全球近20个国家建有分子公司，并设立了50多个海外常驻机构；在意大利、德国、巴西、印度、白俄罗斯投资建有工业园；以阿联酋、巴西为中心，逐步建立起全球物流网络和零配件供应体系。目前，公司积极推进战略转型，打造集工程机械、农业机械和金融服务等业务板块多位一体的高端装备制造企业。

二、案例背景

在国家推进“中国制造走出去”“创新驱动发展”战略和“一带一路”倡议的指引下，“走出去”已不仅是国家战略，也成为了企业发展战略。越来越多的企业选择跨国并购作为快速获取海外优质资产、扩大国际产能合作的重要手段。

但在国际化发展过程中，跨国并购是一项具有高风险的经营活动。跨国并购界有著名的“七七定律”——即70%的并购不能达到预期目标，而达不成目标的原因70%来自于并购整合不力。据商务部统计，2016年中国对外非金融类直接投资创下1700.1亿美元的历史最高值。中国海外并购成功率却不足40%。并购战略错误、交易失利、品牌认可度不足、整合模式缺陷等因素是导致中国企业走出去“水土不服”的关键原因。高价收购并非成功法宝，不断提高品牌国际影响力，获得品牌理念及文化在全球的高度认同是企业通过并购实现国际化发展的一项长久之策。

三、具体做法

中联重科以自身品牌实力助力跨国并购，并且通过成功的并购助推自身品牌发展。通过并购国际上装备制造的优质企业，吸纳制造业细分领域的领先技术，不仅加快了企业转型升级，提升了自身核心竞争力，还通过品牌融合与更新，形成了“青出于蓝，而胜于蓝”的品牌效应。

（一）选择战略协同的并购标的，为品牌“走出去”找准方向

中联重科跨国并购注重战略的匹配性和战略愿景的一致性。与联想集团并购IBM PC业务的“隔离模式”“深入融合模式”，广西柳工收购波兰HSW公司的“移植模式”不同，中联重科的跨国并购是基于行业整合的战略性并购，选择的并购对象为同行业在各自所属细分领域领先，且其体量相对小于本身的优质企业。

意大利CIFA是当时排名世界前三的混凝土机械制造企业，拥有独一

无二的碳纤维技术，在分行业具有极高的品牌知名度和美誉度。而中联重科在国内混凝土机械领域亦是数一数二的竞争者。

在当时的市场格局之下，战略的匹配性和战略愿景的一致性正是中联重科选择 CIFA 的基础，这也正是后期整合阶段，双方企业业务协同效应最大化的先决条件。与 CIFA 在混凝土机械这一子业务领域的强强联合为中联重科品牌实力及品牌价值的攀升注入了强大的动力，中联重科在前期积淀的基础上，加入 CIFA 效应，进一步巩固了全球领先混凝土机械制造商的地位，更好地打入了海外高端市场。

（二）打造自身文化软实力，为并购成功夯实根基

中联重科构建了卓越的企业品牌文化，在国际化进程中，注重提升了自身文化的软实力，对“至诚无息，博厚悠远”的文化内涵进行着不断的创新和丰富。与此同时，中联重科长期在国际媒体发声，开放、包容、技术积淀、社会责任感强等早已成为公司的品牌标签，为取得成功的并购夯实了根基。

中联重科在收购意大利 CIFA 公司时，境内外多家企业都有意参与竞购。凭借多年形成的文化软实力，以及完整的并购整合规划，最终，CIFA 选择了出价相对较低的中联重科。“诚”是中联重科的事业原点和价值坐标，在第一阶段谈判，詹纯新董事长就提出了“保持 CIFA 管理团队和员工队伍的稳定，双品牌战略下 CIFA 自主经营，全球范围内的技术、市场等资源共享”的战略构想，获得了 CIFA 原股东和管理团队的高度认可。谈判及协议签署期间，通过事件营销等传播策略，引导国际媒体对中联重科并购 CIFA 做出了客观、积极的评价，正面报道含媒体转载量累计上千篇。

（三）构建资本市场文化缓冲地带，为品牌获认同添加助推剂

不同于以往中国企业的海外并购，CIFA 并购方案的设计引入了弘毅投资、高盛、曼达林基金三个共同投资者。借助各方的力量与优势，大大降低了并购及运营成本与风险。在此次收购中，中联重科出资 60%，弘毅投资、高盛和曼达林基金共同出资 40%。这种交易安排减轻了中联重科短期的财务负担，更重要的是中联重科联合这些熟悉西方商界游戏规则的机

构建成了收购整合的“文化缓冲地带”。弘毅投资是具有国际视野的中国本土基金，其控股人联想集团收购整合 IBM 的经验为中联重科提供了很好借鉴；高盛公司是具有全球投资管理经验的纯国际化基金；而曼达林基金的股东之一是意大利最大银行联合圣保罗，拥有了解中国国情的意大利本土管理团队，为双方融合搭建桥梁。

共同投资者的引入有效加速了并购企业双方文化理念的互相理解，助推了 CIFA 团队对中联重科的品牌认同，进而为并购后的重组整合打下了坚实的基础。在该模式下，中联重科品牌通过与资本市场老牌选手的深度合作，以成熟的市场参与者形象被成功“引荐”到海外，迅速在全球范围获得认可，极大地提升了品牌国际影响力。目前，引入共同投资者的创新范式已成为中国企业海外并购的主流模式。

（四）着眼求同存异的文化融合，为品牌“走进去”攻克瓶颈

在完成并购后的磨合阶段，中联重科注重在企业品牌基本价值观上“求同存异”，力求使双方品牌在整合过程中获得最大提升。为此，中联重科构建了融合东西方共有价值的“包容、规则、责任、共创、共享”五项跨国并购基本原则，促进并购双方互利互信，有效解决中国企业“走进去”的难题。

中联重科在准备收购 CIFA 前，首先不是找文化差异，而是先找两家企业的文化共同点，总结出两家企业至少有四点共性：即规范、创新、透明开放和坚持。通过寻求共性，不仅增强了收购前的信心，也为顺利推进并购谈判及进行后期的整合奠定了心理基础。

在五项原则的框架下，中联重科为双方的融合做出了方方面面的努力：第一，中联重科以尊重、理解和主动适应达成文化的融合，将品牌理念融入互派员工培训交流、跨国科研协作、外籍员工退休仪式等企业内部活动中，也通过大型国际展会活动、国际级公益活动进一步获得员工对中联重科品牌的喜爱与认同。第二，中联重科认同规则、遵守规则、敬畏规则，实现企业管理一体化。通过成立全球事业部、设立中国区“厂中厂”、合署办公、在长沙成立新公司等方式实现了中外员工管理深度交融。第三，中联重科用负责的行为，赢得当地的尊敬。在不裁人、不换人、不派人的情况下，实现了与海外并购企业的融合协同。第四，中意团队以价值

共创为原则，深度合作，推陈出新，创造了多个全球第一。比如 2012 年双发共同研发的 101 米碳纤维臂架泵车至今保持着吉尼斯世界纪录。第五，中联重科强调成果、风险共担，打造利益的共同体。通过股权激励，共建共同的企业愿景，凝聚人心。

中联重科用实际经验证明，跨文化整合的基础和前提是文化的共同性，现代商业文明下孕育的企业都具有诚信、契约精神等相似的价值理念。因此，在跨国并购中需强化双方企业在基本价值观方面的“同”，以“和”为指导来协调其他方面的“异”，以此促进双方品牌的内部认同、价值融合，最终实现品牌的国际化发展。

（五）本土化管理运营与资源共享，为品牌“走上去”提升实力

在并购公司的管理运营方面，中联重科以“中国企业国际化就是当地化”的理念为基石，注重对接国际化思维和标准，推行“一二三四”的并购整合方针实现管理运营整合，进一步提升中国企业“走上去”国民素质和竞争实力，让企业品牌以高姿态、高素质的面貌深入全球。

中联重科推行的“一二三四”并购整合方针，“一”是指一个家庭，组建一个跨越两国的大家庭。“二”是指两个品牌，采用双品牌。“三”是指三项原则，在管理经营上遵循“保持管理团队稳定、独立自主经营、共享全球资源”的原则；“四”是指四个共同，打造一个共同的管理体系、一个共同的研发平台、一个共同的销售体系和一个共同的生产体系，有效发挥协同效应。

根据上述方针，中联重科在对并购企业进行前期战略整合和文化愿景认同的基础上继续对企业经营层面进行整合，推动建立新的“心灵契约”，加快经营整合速度。管理运营层面整合的具体做法有：

1. 在管理、制度及组织人事整合中实行本土化运作，基本上仍保留原有的经营团队，同时从审计、财务、法务等保障支持维度实现运营治理的监控和管理，相对独立但不失全局掌控。

2. 在销售、市场业务整合中实行双品牌战略，注重优势互补，整合全球资源；中联重科正在将 CIFA、M - tec 同中联重科海外营销和服务网络进行整合，有效地提升服务于客户的速度和质量，进一步巩固中联重科世界范围内既有品牌和技术优势，扩大市场份额。

3. 在技术、生产、供应链整合中注重对标国际化标准和理念，有效实现全面融合，发挥多重协同效应。通过建立统一的研发平台，对先进技术引进消化，成功联合开发全球最长臂架且泵送方量最大的101米泵车、大马力拖拉机等一系列高端产品。CIFA中国基地的建立，移植CIFA在欧洲的全套生产工艺，沿用整套CIFA意大利工厂管理模式，实现CIFA零部件的中国化制造，降低全球采购与运营成本，提升产品的全球竞争力。同时，并购双方实现供应商数据库共享与整合，进一步降低采购成本。

四、实施效果

中联重科基于品牌价值认同的跨国并购，加速了国际化发展，实现了“品牌助力跨国并购—并购助推品牌发展”的良性循环，品牌实力和影响力不断增强，一个国际化、高端化的中联重科品牌形象已经形成。

（一）研发方面

中联重科在全球范围形成了成熟的研发平台，建立了自己的创新模式。在“工业4.0”浪潮下，中联重科依托全球研发平台，以“模块化平台+智能化产品”为核心，深度融合传感、互联等现代技术，推出了整体性能卓越、作业安全可靠、使用绿色环保、管控智能高效的智能化新一代4.0产品。2012年，国际标准化组织/起重机技术委员会秘书处落户中联重科，成为我国工程机械行业第一个国际标准化秘书处。此外，中联重科牵头承担了“十一五”“十二五”“十三五”期间国家重点研发计划13项。同时，中联重科积极推进知识产权全球布局战略，目前累计申请专利8000多件，其中发明专利占比超过30%，并在美国、德国等20多个国家和地区布局发明专利200多件。

（二）市场方面

中联重科已打造了完备的海外销售网络和服务体系，持续不断地为全球客户创造价值，重点地区综合竞争力不断加强。目前，分布全球的21个海外贸易平台及多家备件中心、海外金融服务子公司、第三方融资公司在全方位支撑全球营销和服务网络运行；境外子公司的人事、财务、销售、服务与备件支持也实现了本地化运营管理，进而更好地服务本地市场。中联重科的产品已出口到全球100余个国家和地区，形成“两横两纵”的全球发展格局。2017年，中联重科境外营业销售收入达23.65亿人民币，同比增长9.27%。其中，公司自营出口同比增长30%，保持行业领先。

五、下一步工作思路

中联重科在国际化发展道路上已经步入了快速发展的轨道，在“思想构筑未来”品牌核心理念的指导下，紧紧围绕国家“一带一路”倡议，以“做主、做深、做透”的思路深化海外市场拓展，打造国际装备制造业的高端品牌。

第一，深化“走出去”，寻找新市场，打造新主业，提升跨文化整合能力和水平，通过并购优质企业，对现有制造业务进行补短做强。

第二，坚持“走进去”，遵循“本土化”原则，加速国际产能合作，做深、做透海外市场。聚焦“一带一路”沿线重点国家，构建“本地化”的全球制造、销售、服务与备件支持网络。

第三，真正“走上去”，不断对标国际化管理和运营思维，融入多极、多元、多彩的全球主流产业生态，把中联重科打造成为高端创新体系的创立者，科技创新的推动者，技术标准的引领者，国家科技创新责任的履行者。

专家点评

在中国企业纷纷“走出去”的背景下，越来越多的企业选择跨国并购作为快速获取海外优质资产、扩大国际产能合作的重要手段。“走出去”困难重重，但要真正“走进去”而且还要“走上去”更是难上加难，许多中国企业在海外并购中折戟沉沙。然而，中联重科在海外拓展中，实现了以自身品牌实力助力跨国并购，并且通过并购成功助推自身品牌发展，创造了成功的“走出去”，稳固的“走进去”，辉煌的“走上去”的跨国并购的新模式，开创了中国“智造”国际化发展的新路径。

中联重科的跨国并购的成功在于三个创新，第一是靠模式创新“走出去”。中联重科的跨国并购是基于行业整合的战略性并购，注重战略的匹配性和愿景的一致性，而非简单的财务性并购。引入共同投资者构建文化缓冲带的创新范式已成为中国企业海外并购的主流模式；第二是靠创新管理“走进去”。采取的是既相对独立但又不失全局掌控力的“渗透模式”，通过求同存异的文化融合，实现战略整合和文化认同；第三是创新路径“走上去”。通过本土化运营与资源共享，对接国际化思维和标准，全方位提升企业的产品研发和运营管理能力。

从技术第一迈向品牌第一

——上海天灵开关厂有限公司

传统的理念认为市场份额是衡量企业尤其是制造业是否成功的唯一标准，但在砥砺前行的30年发展过程中，天灵认识到：实现替代并非占领市场、技术第一并不等于市场第一，必须以技术领先为契机树立品牌、抢占用户心智、树立良好形象才能与国际强势品牌竞争。

“品牌培育管理体系”的导入，在给予天灵发展活力的同时给天灵带来专业视角，实现了由碎片化向系统化的转变。天灵以技术优势为基础，以“十三五”规划为契机，通过全面体检，重新审视并调整战略和定位，明确“高质量、绿色环保”品牌核心价值，从持续开发“环境友好型”产品、推进全员品牌建设、争取国家重点项目、抢占行业话语权入手，固长板、补短板、抓机遇、占高地，全面系统地推动天灵从技术领先向品牌领先转变，品牌美誉度和溢价效果日渐凸显，在中压开关行业话语权进一步提升。

一、企业概况

上海天灵开关厂有限公司（以下简称“天灵”）成立于1987年，注册资本2.12亿元（国有），主营40.5kV及以下中低压开关及其成套设备。连续五年进入上海工业销售500强、中国机械工业500强及中国开关控制设备20强。

公司拥有国际先进水平的3D激光切割/焊接机、全自动板材柔性加工生产线、氦气检漏系统等全套生产检测设备，建有上海市级企业技术中心，拥有中压环保型气体绝缘开关设备核心技术在内的近百项发明和实用新型专利技术。天灵电器现主要有中压开关设备、低压开关设备、中压元器件、输配电设备等四大系列产品。

天灵是首家国产 SF_6（六氟化硫）气体绝缘开关柜的研制和推广者，国际中压环保气体绝缘开关柜的引领者，产品广泛用于电力、冶金、铁路、港口、建筑、石化等领域，已为上海大剧院、杨浦大桥、浦东国际机场、城市轨道交通、长兴岛造船基地、洋山深水港、上海世博会场馆、青草沙水源工程和国内首个使用 40.5kV 纯氮气绝缘充气设备变电站等一大批重大项目配套，为国家经济建设做出了应有的贡献。

二、案例背景

中压开关设备是电力能源输送与用户紧密相关的 40.5kV 及以下电力系统的控制和保护的关键，不仅面广量大，而且个性化强、使用环境复杂，常因维护困难、受环境影响等原因产生故障导致人身、设备损害和停电，是电力输送最后、也是最复杂的一公里。

智能电网的建设需要高质量的产品，并希望不受环境影响和免维护。但传统中压开关都暴露在大气中并以自然空气为绝缘介质，虽然较经济但必然受环境影响且必须进行维护，产品占地空间大，难以满足城市、乡镇狭小空间的使用要求。天灵通过技术合作和自主技术创新，在国内首家研发、制造中压开关设备行业高端产品——SF_6 气体绝缘开关柜，利用 SF_6 优越的绝缘、导热和开断性能，不仅安全、可靠性提高而且环境适应性强、免维护、占地空间小，部分性能超过进口品牌，成功替代进口产品打破了国际垄断，也带动了中压开关行业新的发展。

但是，SF_6 具有强烈温室效应，被联合国气候变化框架公约《京都议定书》列为限制排放的六类气体之一，1 公斤 SF_6 温室效应相当于 23.9 吨 CO_2，而一台中压 SF_6 气体开关柜需使用 0.3 公斤 ~ 1.2 公斤 SF_6，长期使用和排放必然给人类带来灾难性后果。天灵坚持环境友好理念，又创新研发用环保气体替代 SF_6，实现弯道超车，成功研制出氮气绝缘开关柜，部分性能赶超 ABB、西门子等进口品牌产品。

不断的技术创新虽然给企业带来了一些经济效益、荣誉，但相比研发创新投入，回报显得既慢又不足，一直难以与进口品牌完全竞争，难以获得与技术水平相当的竞争地位，甚至没有资格参与竞争。而进口品牌将天灵列为竞争对手，凭借其品牌优势和实力在实施进口品牌本土化战略的同时，跟随开发环保气体绝缘开关柜，挤压存量和增量市场空间。

同时，得益于气体绝缘开关柜优势，近十年来天灵一直为某进口品牌公司贴牌生产40.5kV充气柜，并销往世界各地。在学习严谨的质量和技术管理的同时，深切体会到同样是天灵生产的产品，使用进口品牌不仅价格得到很大提升而且用户接受度也高。

2010年11月天灵参加北京国际电工展览会，恰遇另一进口品牌的展台与天灵面对面，展台面积相同、参展产品也都是气体绝缘的充气柜和环网柜，许多用户参观交流后感慨，天灵的产品更像人们心目中的进口产品。

这些让天灵认识到，实现替代并不等于占领市场、技术第一并不等于市场第一、绿色环保需要用户认知，天灵必须以技术领先为契机树立品牌、抢占用户心智、树立良好形象才可能与之竞争。

三、具体做法

天灵在取得明显技术优势、产品线和产品种类、技术参数保持国际领先地位的基础上，对标品牌培育管理体系，全面梳理品牌培育关键过程。固长板、补短板、抓机遇、占高地，构建系统的品牌管理体系，从技术第一向品牌第一转型。

（一）固长板，塑造“绿色环保”品牌形象

天灵在上海市市级企业技术中心基础上整合资源，组建“气体绝缘（中压）开关研究所”，对内开展40.5kV及以下已有气体绝缘开关柜的二代升级，结合积累的运行经验和标准化要求，进行性能、结构、外观、图文材料和标识等的完善和统一，展示品牌形象，已完成2个系列4个产品类别的升级，申请发明专利8项；同时，积极开展环保气体绝缘开关柜的全面系列化研制，完成了1个系列3个产品的系列化研发，申请发明专利5项。目前，在中压环保气体绝缘开关柜领域，天灵已成为国际上唯一一家可以全面替代SF_6绝缘开关柜的制造商，产品线和产品种类、技术参数保持国际领先地位，巩固了天灵“绿色环保”品牌创新优势。

同时，为满足不同用户多样化的需求，提供多种配电组合方案，增强产品核心竞争力，天灵已开发出四个系列的环保型产品：LCG型纯氮气环

保气体绝缘环网开关柜；N2X/N2S 型混合气体绝缘开关柜；N2X 型纯氮气环保气体绝缘开关柜；N2N 型纯氮气环保气体绝缘开关柜。为企业进一步扩大国内外市场占有率，提高品牌知名度提供了坚实基础，引领高质量和环境友好理念。对外利用技术优势和品牌效应，积极开展行业和配套产业合作，配合和承接了 4 个行业厂和 6 个配套厂共计 12 类新品研发，参与制定国家及行业标准，在推广“绿色环保”理念、带动行业发展的同时，有力提升了品牌知名度和品牌形象，让“绿色环保”成为天灵品牌的代名词。

（二）补短板，提升全员品牌意识

为改变以往碎片化模式，天灵成立企业品牌管理部，统一部署和安排品牌培育工作，规范统一产品、服务、资料和标识形象，制定与用户沟通交流的基本行为规范和要求，开展职业培训体现专业素质，并由各部门以质量为基础共同打造“高质量”品牌形象，营造良好品牌建设氛围。

质保部将“零缺陷”理念导入质量管理，以不接受上道工序的不合格品、不向下道工序流转不合格品为主要手段，全面提升产品质量；通过“质量损失”手段监控质量管控全过程，包括供应链质量、生产制造质量和售后服务质量；优化和提升检验设备和项目，调整和新设关键点检测流程。

技术部提高品牌覆盖面，统一产品外观、包装等设计，提升品牌支撑力度；在深化与 GE 公司合作的同时，加强与 ABB、西门子、施耐德等进口品牌的产品合作，通过强强合作拓展产品和市场，提升市场地位和品牌价值。

销售部改变营销思路，变推动为拉动，创新营销模式拓展国内外整柜和内核市场。温室效应具有外延性，大力宣传环保产品优势，让大众和用户认识到替代 SF_6 的意义，变推动为拉动营销，以此强化天灵的绿色发展形象，提升品牌资产。在国内市场开展整柜市场竞争的同时，利用气箱内核的整体性和独立性，开展内核 OEM 合作和个性化定制合作模式，运用互联网分享思维，将整柜市场内核化，变竞争对手为合作伙伴，挖掘内核市场潜力；国际市场在内核 OEM 市场基础上，开展 24kV 环网柜国际认证，直接参与整柜竞争拓展外部市场，以此形成批量化成本优势，提升品牌地位、扩大品牌影响力。

生产物资部调整和优化生产流程，建设新的净化车间和装配流水线；并开展安全生产标准化和安全设施标准化建设，营造专业化生产品牌形象。

一分耕耘一分收获，全员参与和系统化的品牌建设，极大地提高了各部门共同维护品牌的意识。一位从事售后服务17年的员工，对随产品发运的专用工具提出建议，无包装虽不影响用户现场使用，但不规范、易丢失，与企业品牌形象不符，建议制作专用工具盒并配置模板规范发运，这样成本增加不多又能大大提升品牌形象，有模板用户能及时发现专用工具丢失，有盒子便于保存和运行维护中使用，建议实施后得到用户高度赞赏。

（三）抓机遇，寻求品牌溢出效应

天灵积极参与和争取国家重点工程和示范工程建设，在扩大产品应用范围的同时，提升用户对天灵品牌的认同度。2014年，天灵成功中标国家电网公司重点工程“电亮藏区”工程和“新一代智能变电站”全部6座示范站的建设，从技术交底、技术创新、生产制造、售后服务、运维规程编写、技术成果共享等全范围建立品牌形象，得到全国电力系统的广泛认同，极大提升了天灵品牌认同度、巩固了和国际一流知名品牌同台竞争的地位。

（四）占高地，强化行业话语权

天灵积极参与GB/T 3906《3.6kV～40.5kV交流金属封闭开关设备和控制设备》、NB/T 42063《3.6kV～40.5kV高压交流负荷开关试验导则》等18项国家及行业标准的制修订工作。参与配电网建设改造技术标准、配网工程典型设计宣贯会、新技术产品应用技术交流会暨环保气体绝缘金属封闭开关设备技术交流会等，联合中国电力科学研究院等单位编制了《无/少SF_6气体金属封闭开关设备技术白皮书》，进一步规范并提高行业技术门槛，抢占制高点，推广天灵“高质量、绿色环保”的价值理念，将天灵品牌价值输出到整个行业。国家发改委能源局在《配电网建设改造行动计划》（2015—2020年）中对A和A^+地区要求和推荐使用中压环保气体绝缘开关柜，进一步提升了天灵在中压开关行业的话语权。

四、实践成效

天灵通过重新审视、调整品牌战略和定位，明确了绿色发展理念和中压环保开关柜第一品牌目标，坚持固长板、补短板，全面系统开展品牌培育建设和创新实践，最终整合资源形成良好的品牌氛围。与此同时，以环境友好引领产品创新升级，提高品牌知名度；以示范工程建设，提升品牌认同度；通过参与国家和行业各类标准与规范的制定，抢占技术和品牌制高点，提升产品质量、产品服务和产品营销，塑造品牌文化，全面开展品牌建设和覆盖，努力创造品牌溢价实现可持续发展。

（一）国内外市场覆盖全面扩大

天灵产品以往的主要市场集中在江浙沪地区，占公司整体市场的70%，通过导入品牌培育体系，天灵产品已遍及中国28个主要省市，为上海地铁、上海浦东国际机场、洋山深水港、南京地铁、中海油海洋平台、青海日月山风电场、新都桥－甘孜－石渠联网工程（平均海拔4000米）、国网新一代智能变电站等一大批国家、市重大工程项目配套。2016年合同总量较2013年同比增长129%，其中，其他国内市场及海外市场较2013年同比增长225%，部分产品已批量出口到澳大利亚、瑞典、日本、摩洛哥、巴西、印尼、泰国等国家和地区。天灵品牌已是高质量和绿色环保的代名词，加上将整柜市场内核化、变竞争对手为合作伙伴的策略，气体绝缘产品OEM合作取得显著成效，目前，正在与美国、韩国、伊朗等国家的6家企业积极开展国际交流和深入合作洽谈（见图1）。

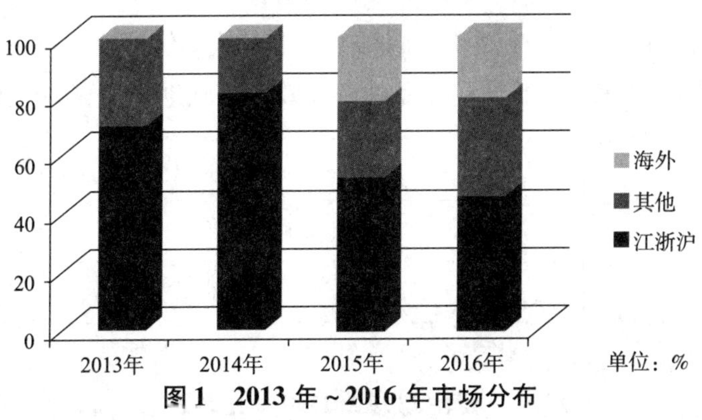

图1　2013年～2016年市场分布

（二）营业收入快速增长

通过品牌培育体系建设，公司营业收入实现快速增长。近三年，天灵累计销售近 20 亿元，平均增幅达 25.38%。以 2013 年财务数据为基准，2016 年营业收入较 2013 年同比增长 87.98%，品牌建设和培育初见成效（见图 2）。

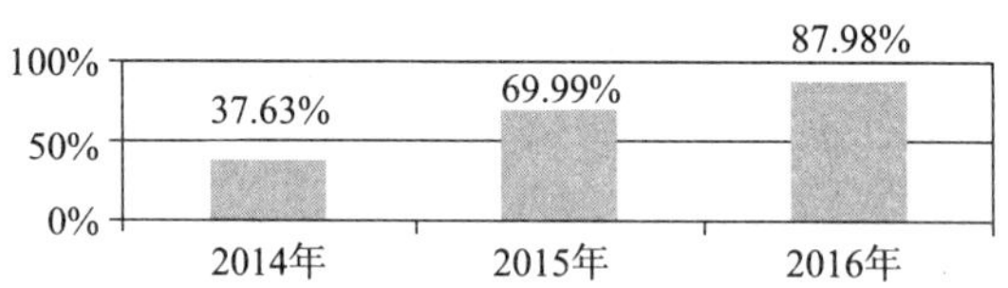

图 2　营业收入较 2013 年同比增长率

（三）品牌美誉度进一步提升

天灵不断查找问题，持续提升产品质量和对客户的服务，践行社会责任，获得客户的高度信任和赞美。以公司对客户调查的满意度为例，得分从原来的 92 分提高到 94 分，实现稳步提升。连续荣获全国守合同重信用企业、中国轻工业百强、上海市文明单位、上海市高新技术企业、上海名牌产品、上海市著名商标、上海电器行业名优产品等称号。

（四）品牌溢价效果进一步显现

由于话语权和美誉度的提升，天灵品牌的整体价值得到进一步提升，品牌效果得到显现。以利润总额为例，近三年利润总额平均增幅达 32.78%，2016 年利润总额较 2013 年同比增长 119.30%。在上海市场，已能获得部分品牌溢价 3% ~5%，同等条件下可获得优先授标权；在国网市场，天灵品牌已获得广泛认同，品牌溢价效果得到进一步显现（见图 3）。

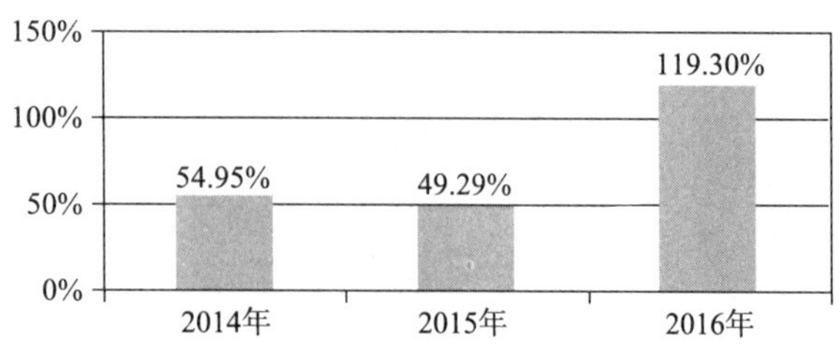

图 3　利润总额较 2013 年同比增长率

五、下一步工作思路

天灵将持续以品牌培育引领创新实践，继续优化产品结构和性能，提升产品质量和生产效率，降低产品成本，打好品牌建设的质量基础；大力宣传环保产品优势，继续开展示范工程建设，让大众和用户认识到替代 SF_6 的意义，变推动为拉动，以此强化天灵的绿色发展形象，提升品牌资产；结合 28000m^2 厂房屋顶光伏发电建设，建成集光伏、风电和储能为核心的微网，在形成绿色环保整体形象的同时，建设风、光、储微网系统集成示范，将产品创新和品牌建设融为一体；依托品牌培育，在“十三五”末成为中压环保开关第一品牌的同时，逐步取得国际认证走向国际市场，力争成为全球有影响力的高质量和环境友好知名品牌；有序规范和控制品牌培育节奏，加强第三方相关指标测评，持续实施品牌培育的标准化、流程化作业，稳步深化品牌内涵、提升品牌价值、产生品牌溢价。

专家点评

技术引领是成为强势品牌的基础，然而一个技术引领的企业可能并不是一个具有品牌影响力的企业。上海天灵开关厂有限公司在发展中认识到这一点，并由此开始品牌培育之路。天灵改变以往碎片化模式，构建品牌建设长效机制：以环境友好引领产品创新升级，持续完善和开发“资源节约型、环境友好型”中压环保气体绝缘开关柜，夯实绿色品牌定位；统一部署品牌培育工作，开展全员品牌意识提升行动，营造“高质量、绿色环保”品牌文化；以示范工程建设，提升品牌认同度；积极参与国家和行业各类标准与规范的制定，抢占技术和品牌制高点，提升行业话语权。通过固长板、补短板、抓机遇、占高地，从绿色产品形象向绿色品牌形象转变，从部分品牌向全员品牌转变，逐步完成从技术领先到品牌领先的转型，让“绿色环保”成为天灵品牌的代名词。